子育てはキレない、あせらない

汐見稔幸

講談社+α文庫

まえがき

もうすぐ九十になる私の母親は、私たちが最初の子どもを育て始めた三十年前、ぽつんとこう言いました。「子どもは貧しく育てなあかんで」と。

貧しく育てられると、子どもは何でも自分で手に入れなければならなくなります。それが子どもの器用さや意欲、忍耐力、社会性、自主性、手づくりの能力などを結果として育てるわけです。要するに母は、与えるものが過剰だと得るものは過少だ、ということを私たちに伝えたかったのでしょう。考えてみれば、なるほどということになりますが、育児を始めたばかりの頃はその意味がなかなか分かりませんでした。

子どもがある程度大きくなった今、育児に大切なのは単純で分かりやすい原則だということがよく分かります。そして、今の私たちにはそうした単純な育児の原則が消えかかっているなということも、実感として感じられます。もちろん単純な原則だけでできるほど子育てはヤワな営みではないでしょう。しかし単純な原則が身についていないと子育ては羅針盤のない船みたいになってしまう可能性があります。

言うと恥ずかしいのですが、私自身は、改めて考えると次のような原則でやってきたように思います。一つは、子どもは、自分の意思で生んでくれと頼んだわけではないのに生み出され、生きるというたいへんなことだけは引き受けさせられるという、いわば理不尽な存在なのだということを出発点にするということです。私はときどき、今みたいな時代に生んだのは、子どもに申し訳なかったとさえ思ったのです。だから私は、子どもに、どうだ、生きるって面白そうだろう、感動的なことがいっぱいあるだろう、ということをできるだけたくさん感じてほしい、と願って子育てを続けてきました。生まれてよかった、とできるだけ早く感じてほしいということです。そしてもう一つは、自分の人生は自分で選べ、親はそのための環境しかつくれないぞ、ということです。私自身そう育てられて親にいっぱい感謝しているからです。

この本はそんなことを考えながら育児をしてきた、みなさんより少し上の世代の一人の人間の、育児や子どもについてのときどきの思いのようなものを集めたものです。どこから読んでくださっても結構です。一つでも二つでも、みなさんの育児の参考になることがあれば、筆者としてたいへん幸せです。

二〇〇九年二月

汐見稔幸

子育てはキレない、あせらない

目次

第五章　お父さん、育児参加してますか？

第六章　自主性のある子に育てたい

第七章　どうほめる？　どう叱る？

第一章　子どもの領域

大人は、みんなガリバーだ

言語学者の鈴木孝夫さんの『ことばの社会学』(新潮社)という本を読んでいたら、こんな一節が出てきました。

「私が小学校六年生のときだった。ある日のこと、それまで外側から眺めてだけいた隣家に入ることが出来た。隣の大学生のお兄さんが遊びに来いと言って、私に家の中をくまなく案内してくれたのである。ところが私がいつも自分の家の庭や縁側から仰ぎ見ていた、二階のお兄さんの部屋の窓から、はじめて自分の家と庭を見下したとき、私はその何とも言えぬ不思議な眺めに、思わず声を立てて笑ってしまったのである。

私の目の前にある家が、どう見ても長い間住みなれた自分の家であることは疑いないのだが、それでいて、頭の中で私がこれこそ自分の家だと熟知している家とは、どこからどこまで違うのだ。頭では同じ家だと分かっていながら、目に見えている家は、まるでおとぎの国の家のように、初めて見る新鮮さと、ぞくぞくするような未知の神秘に包まれている。このときの戸惑いと興奮は、五十年近くたった今でも忘れられない」

これは、同じものが、見る角度が違うと全く異なって見えるということの例なのですが、考えてみると、大人と子どもの見え方の違いにも同じことがいえるように思うのです。

子どもの頃遊んでいた家の前の道が、大人になって久しぶりに見てみると、あまりに狭いので驚いたという体験が私にもあります。みなさんにもあるのではないでしょうか。もしないという人がいれば、一度子どもの頃、よく遊んだところへ行ってみるとよいと思います。必ず、ヘエー、こんなに小さかったかしらというような驚きを体験するはずです。

子どもと大人で、物の大きさに対する実感が異なるのは、人間は自分の目の高さや手の長さ、背の高さ、歩幅などを基準にして物を見、大きさを判断するしかないからです。幼児が自分の背の高さの三倍くらいあるものを見るとき、下から見上げるしかありませんから、とても大きなものに見えます。しかし大人になって背の高さが幼児の頃の三倍になると、物は自分の背と同じ高さになってしまいます。同じものが「背の三倍もあるでかいもの」から「自分と同じくらいのもの」に変わってしまうのです。部屋の大きさも歩いて十歩くらいかかる長さだと、部屋の大きさは歩幅の十倍くらいに感じます。しかし大人になると三歩くらいで歩けますから、たった三歩しかない狭い部屋になってしまうのです。

そう考えてみると、今、目の前にいる子どもたちにとって、周りの世界が、一体どのようなものに映っているのか、とても興味深い問題になってきます。子どもにとって、自分の何倍もの大きさがあるお父さんは、私たち大人がガリバーの巨人国の大男を見るように見えているのかもしれません。お母さんは巨人国の大女です。お父さんの背中に乗って、お馬さんごっこをするときも、ひょっとしたら子どもは、大人が本当の馬に乗るときよりも大きなものに乗っていると実感しているかもしれないのです。

テーブルの上から飛び下りるときは、大人が屋根から飛び下りるような気分で飛び下りているのでしょう。椅子だって子どもにとっては自分の背の高さと同じくらいあるわけですから、すごく高いところに乗っている感じのはずです。便器にまたがっているときは、落っこちると怖い、大きな水槽にまたがっている気分かもしれません。

茶碗は丼鉢かもしれませんし、お箸は菜箸でしょう。

　目の高さも全く違いますから、先ほどの鈴木さんのように大人の目の高さから見たら全く違う印象を自分の家に対してもつかもしれません。一度頭の中で自分を連続的に小さくしていって、子どものようになったつもりで、すべてを見回してみてください。そして「子どもの世界」って、ずいぶん私たちと違うということを実感してみてください。そうすれば、私たちが怖い顔をすると子どもには、大きな巨人が怖い顔をしていると映っているかもしれないな、ともう少し実感できるでしょう。子どもがなぜ小さなままごとセットを欲しがるのかということが分かりますし、子どもに接する態度も少し改まるでしょう。

　似たようなことですが、子どもを実家に連れていったりしたあと、しばらくぶりに家に戻ってくると、一皮むけたかのように子どもが成長したなと感じるときがあります。これも子どもの視点や視角が豊かになることによる成長でしょう。子どもにとって家の中のここに風呂がある、洗面所はこうすれば水が出るなどということは、最初は絶対的なことなのです。それ以外にありうるということが分からないのですから。ところが実家に行くとすべての様子が違ってきます。生活習慣も違います。そこで、

子どもに混乱が起こるのですが、それを乗り越えると、風呂はここになければならないのではない、たまたまうちはここにあるだけだということが分かるようになって、ものごとを少し相対化して見ることができるようになるのです。

子どもの視点で物を見るというのは、なかなか難しいことなのですが、育児にはそういう想像をする楽しみもあるのだと考えると、多少は面白くなるのではないでしょうか。

子どものウソ、大人のウソ

T保育園の三歳児クラス。鉄棒の前で仲よしの三人組が話をしています。

「Kちゃん（自分のこと）のお兄ちゃんは大きいから、こんな鉄棒ピョンととんで乗っちゃうよ」

「どのくらい大きいの？」

「これくらい大きいんだよ」

手を思いっきり上に上げながら強調します。

「ぼくのお姉ちゃんなんか、もっと大きいよ」

とR君。

「どれくらい？」

「ウーンとね、ウーンと、これっくらいー」

そう言って手を上げてとび上がります。

「ウソだあ」

「ホントだよー」

「Sちゃんのお父さんなんか、もっともっと大きいんだからー」

と参入するS君。

「どれくらいだよ」

「あの木のね、あそこの出っ張ってるところくらいだよ」

「ウソだあ。そんなに大きいわけないだろ」

「ホントだよー。もっと大きいよ」

「ぼくのパパなんか、あの木のてっぺんくらいまであるよー」

「Kちゃんのお父ちゃんなんか、天まであるよー」

「Sちゃんのお父さんなんか、宇宙ぐらいあるよー」

とうとうガリバーどころではなくなってしまいました。


子どもたちはこうしたホラ吹き合戦が大好きです。こういうときは遠慮したほうが負けです。できるだけ大きな声でおおげさに言った方が勝ちです。

子どもたちには、ひょっとしたら誇張することによって、自分のお父さんが本当に木の高さや空の高さにまでなっているのが見えているのかもしれません。

子どもたちが大きいもの強いものが大好きなのは、心の中に大きいものや強いものに対する憧れがあるからだと思われます。特に男の子は、そういう傾向が強い気がします。女の子はどうでしょうか。女の子も変わらない気がしますが、でもどこか違うところがこの年齢からあるようです。それがどのあたりなのか発見された方は、ぜひ教えてほしいと思いますが。ともかくこの年齢の子はいつも自分を超えていきたいのです。

子どもたちのこうしたおおげさな物言いは、親には時として「ウソをついている」と映るようです。

「ものすごく大きなトラックを見たよ」

「どのくらい？」

「うーんとね、うちよりずっと大きかったよ」

「ウソおっしゃい」

でも注意してほしいのですが、子どもたちは大人が言うような意味でウソをついているわけではないのです。大人のウソは、事実をねじ曲げて相手を意識的にだまそうとする行為をさします。しかし子どものウソの多くは自分の実感をできるだけおおげさに伝えようとするところから生じます。おおげさに表現することで自分の実感と願望を満足させたいのです。子どものおおげさな物言いは、子どもの心にとってはむしろ真実に近いわけです。

「ものすごく大きなトラックを見たよ」

「どのくらい？」

「うーんとね、うちよりずっと大きかったよ」

「ほんと！　すごく大きいトラックだったのねえ。すごいじゃない」

できたらもうひとこと、

「お母さんなんか、おうちの百倍も大きいトラック見たことがあるわよ」

――こう応戦してやってほしいものです。

それからついでにひとつ。子どものウソには、いけないことをしたのがバレないようにと思ってつくものもあります。でもたいていはバレバレ。頭隠して尻隠さずです。こんなときはきつく叱らず、「ホント、ソウカー」と付き合ってやって、ひそかに笑ってやってください。子どもは子どもでヒヤヒヤしているのですから。

子どもの安心空間

※ある本に、こんなできごとが書かれていました。
幼稚園の三歳児クラスです。著者（S氏）はその園に教師として保育に参加していました。

砂場で一人の女の子が遊んでいました。S氏はその子とゆったりとした気分でそこで遊んでいました。数人の男の子が来てさわがしく遊び始めました。そしてS氏を別のところに連れて行こうとしました。そのときです。その女の子が突然泣き出したのです。S氏は突然のことなので驚いてしまい、

「お母さんがいなくて寂しいの？」

などと聞くのですが、答えないでただ泣いています。あれこれ聞いてもS氏の足に寄りかかって泣くだけです。仕方なくS氏はしばらく黙って様子を見ることにしました。

女の子は、

「せんせい」

と小さな声で言いました。それを聞いてS氏はこの子は担任の先生のそばに行きたいのだろうと思って、担任の先生を探しに女の子の手を引いて部屋や園庭を見て回りました。ほかの子どもたちもぞろぞろついてきます。砂場には誰もいなくなってしまいました。

探しているうちに担任の先生の姿が見えるところに来ました。でも、女の子はその先生をちらと見ただけで、S氏の手を引っぱって砂場に引き返したのです。砂場でS氏と二人きりになると、女の子は再びニコニコしながら遊び始めました。

この場面を読者のみなさんはどう考えられるでしょうか。この女の子がS氏を独占したかったのだろうと想像する人が多いのではないでしょうか。そういえばそうなのですが、ただそれだけですと、この女の子がわがままな子だということですまされてしまいかねません。

この女の子ははじめ、S氏と落ち着いたやり取りをして遊んでいました。そこに何人もの子どもたちが来たためにS氏が忙しく立ち回らなければならなくなり、この子を置き去りにした状態になりました。そのとたんに泣き始めたのです。S氏も書いていますが、これをこの女の子の単純なわがままというのは間違いでしょう。

この子はS氏という大人と自分という子どもがつくり出す、ゆったりとした心理的空間をベースにして活動したかったのではないでしょうか。人間は何か行動するとき、それを行っている場の漠然とした雰囲気を無意識のうちにすごく気にして行動します。きょうだいげんかをしていても、そばに大人がいなくなるとやめてしまうものなのです。仲裁してくれる人がいなくなると安心してけんかできないからでしょうか。

この心理的空間はそこにいる人間がお互いにどのような声やしぐさ、眼差しを注ぎ合っているかということによってつくられます。S氏がもしうるさく「そこをもっと掘ってごらん」「違う違う、こっちの方が大きいでしょう」というような声をこの女の子にかけるような人であれば、このS氏とこの女の子がつくり出す心理的空間は先のような場面とは全く違ったものになったでしょう。多分この子は落ち着いて自分のペースで楽しむことはできなかったと思います。逆にこの子のそばにいる大人が子どものすることにいちいち口出しせず、何をつくろうとしているのかなと、いかにも共感的にかかわろうという雰囲気であれば、この子はそこに温かい眼差しを感じ、自分

で自分を充実させられるはずです。S氏はこの女の子にとって間違いなくそういう存在だったのだと思います。

興味深いことはS氏が、そのあと、この女の子の遊びにじっくり付き合うことによって、大人社会にはない、現実とは次元の異なる、とても広がりのある時間を過ごすことができたと書いていることです。〈早く買い物に行かなくては〉とか、〈いい加減にやめてくれないかな〉というような、現実に束縛された時間意識でいると、子どもが時間など気にしないでじっくりと自分のイメージをつくろうとしていることに、ゆったりと共感することはできません。大人がそうした子どものしぐさに共感できないときには、子どもはゆったりとした心理的空間を手にできず、その子らしく遊ぶことができなくなります。

逆に、子どものそうした現実に束縛されない自由な時間を共有してみようとすると、大人の方がふだん味わえないような、ゆったりとして自由な気分を味わうことができます。こういう時間を共有できたとき、子どもと大人の間には深い信頼感が育つのです。一日に一時間くらいは、子どものペースに徹底的に合わせて、子どものすることをひたすら共感しながら見ているような、広がりのある、現実に束縛されない時間に身をゆだねてみてはどうでしょうか。

※津守真『保育の体験と思索　子どもの世界の探究』大日本図書、参照。

子どもは小さな隠れ家が大好き！

四月、保育園や幼稚園では、入園したばかりの子どもたちが新しい環境に戸惑い、不安でいっぱいの様子を示します。中にはお母さんと離れたとたんに泣き出す子もいます。

そういうとき、ベテランの先生の中には子どもと同じ数の大きな段ボールの箱を用意して、部屋の中に適当にバラまいておく人がいます。

「みんな、どの段ボールでもいいから自分のおうちと思って隠れてみようか。ヨーイ、ドン」

こう言うと子どもたちは、それぞれに自分のそばの段ボールの箱の中にヤドカリのように隠れます。

「その箱は自分のおうちと思っていいから、これから自分のおうちに入りたいときはいつでも入っていいのよ」

こうしておくと、園生活に不安を感じている子は最初しばらくこの段ボールのおうちに隠れることによって不安を克服しようとします。やがて園生活に慣れてくると、入る回数が減ってきて、段ボールの家は本格的な遊び道具に変わっていきます。

子どもにとって、大人が用意した空間は、少し大きすぎて落ち着かなくなるのでしょうか。それもあるでしょうが、私は人間にとって誰にも邪魔されない自分だけの場所、つまり自分の「居場所」というものが必要なのだということを、この事例は示しているように思います。特に不安になったときがそうです。お母さんの胎内に帰るようなホッとした気持ちになるからでしょうか。

昔の日本の家には、子どもが親の眼差しを逃《のが》れて隠れることができるような場所がもっとたくさんありました。今は、大人にとって「快適」な住居を求め、無駄な部分を少なくした分、子どもにはのっぺらぼうで隠れることのできる場のない家が多くなりました。今は子どもたちは家の中でいたずらができないばかりか、大人の眼差しから自由になることさえ困難ではないでしょうか。

そういうことを考えて、私は子どもが幼い頃自分の家の押し入れを子どもに開放したことがありました。押し入れの上段に置いてあったものを整理し、そこに子どもが何人か入れる空間をつくってみたのです。蛍光灯もつけてやりました。するとどうでしょう。子どもは大喜びで、わざわざ絵本をその中に持って入り、襖《ふすま》をぴしゃっと閉めて目を赤くしながらうれしそうに読むのです。時には友だちをたくさん連れてきては入り込んで、ひそひそと何やらささやき合っていました。閉じられた襖が、子どもの数に耐えかねて外側に大きく膨らんでいたほどです。子どもって、こうした小さな空間、隠れ家が本当に好きなんだなあ、としみじみ思ったものです。

おそらく子どもたちは自分だけの空間、しかもちょっと秘密めいた、ひょっとしたらお化けが出てくるかもしれないというようなスリルもある、そんな場所が大好きなのだと思います。そこにいるだけで想像力が何倍にも膨らみ働くのです。想像力を自由に働かせることができるときに、子どもは自分の物語の主人公になれます。

幼い子どもにとって小さな空間は、時には不安を克服させてくれるシェルターになり、時には冒険と想像を引き出してくれる隠れ家となる、とてもとても大切で不思議な場所なのだと思います。

みなさんの家でも子どもだけの小さなユニークな空間を工夫してみませんか。

子どもの「神話的時間」

私たちが幼い子どもを理解するのがたいへん困難なのは、彼らがもっている時間的感覚や空間感覚が、私たち大人のものとまるで違うからです。

私たちは、生まれてこの方、ずっと時計といっしょに暮らしてきました。文字ともいっしょです。そのために時計や文字が私たちにもたらしたものに気づくことはあまりありません。

実は私たちの頭の中は時計でいっぱいです。何時までに起きなければ遅刻する！この書類は明後日の正午に届けなければならないの、今夜八時からあのテレビ番組を絶対見るんだ……。時間というのは、細切れにしてできるだけ有効に使うものだと思い込んでいるかのようです。それだけではありません。この子の将来を考えると何歳頃までにはこのくらいのことができるようになってもらわなきゃあ困る、小学校四年生になったら進学塾に入れるんだ、そうそう、私も四十五歳までに、もう一度、職に就きたいナァ……、と、頭の中には一直線に並んだ年表がいっぱい入っています。

頭の中に時計が多いと、それだけ人間は時間に支配されていきます。支配されるというよりも、時間をいつも気にしていて、早くしなければならないとか、時間どおりでないと人間として失格だとか、また時間を無駄にしてしまったとか、本来は一生の与えられた時間を私がどう使うかは私が自由に決めればいいのに、時間は有効に効率的に使わなければいけないと、はじめから決められているように感じてしまうのです。時間による強迫です。

しかし子どもの時間感覚は全く違います。ある場面では時間はおとぎ話と同じで、平気で昔に戻ったり、未来に飛んだりします。熱中しているときなど、時間は止まったままです。そして日頃の子どもの時間はゆったり流れていきます。私たち大人の時間のようにせかせか流れていきません。悠久の平和を奏でるかのようにゆったり流れていきます。子どもの時間は細切れにして使うことなんてできないのです。ウソだと思ったら、一度、晴れた日に子どもが砂場でじっくり遊んでいるときに、何の邪念ももたずそばで見守ってみてください。そこで子どもの心の躍動が子どもの表情に二重写しで見えてきたら、あなたは子どもの悠久の時間を共有することができるはずです。

空間も同じ。いつの間にか空に上がっていたり、地下に入り込んだり。動物と人間の次元の違いもありません。クマさんと当たり前のように会話します。自然と自分、ほかの動物と自分の境目が自由で、共有されているのです。いつも何かと共有された空間感覚をもっている、これも子どもの特徴です。

鶴見俊輔氏は、子どものこうした時間感覚を※「神話的時間」と呼びました。子どもの時間は旧約聖書の時間と同じで、誰かにどこかで聞いた話であっても、そんなこととはかかわりなく、昔からあった話として受け取ることができるような時間だというのです。どこかの町並みを歩いているとき、ふと懐かしく、あ、昔こんなところを通ったことがある！　と感じるとき、その時間は今も昔もない「神話的時間」なのです。時計に拘束されるしかない人間が時間を超越できる瞬間の時間の感覚が「神話的時間」です。

人間は「神話的時間」をいっぱいもっているとき、おそらく永遠の真理の近くにいるのだと思います。せかせかした時間でなく、今も昔もない時間でものごとを考える人、以前に出会ったのにずっと心から消えない印象を与える人、こういう人たちは、「神話的時間」をいっぱい与えられる人なのでしょう。そして実は幼い子どもがその

「神話的時間」のもっとも優れた持ち主なのです。

子どもの「神話的時間」を大事にするためには、子どもが〈一人でいる時間〉をじっくり保障することが必要なように思います。

「私たちは、だれでも、自分が子どものころ、一人でいるときに感じた喜びの記憶を、心の奥深くに、大切にしまっているのではないでしょうか。（中略）これが、世界なんだ。これが、私の居場所なんだ。これが喜びなんだ……／こういうことが、すなわち子どもが一人でいることの実りです」

これはエリーズ・ボールディングという女性が書いた『子どもが孤独《ひとり》でいる時間《とき》』（松岡享子訳、こぐま社）の一節です。この本は、子どもが一人でいること、一人でいながらその子の個性的な時間をその子なりに過ごすこと、これがその子の中のもっとも大事な内的生活を育てていくのだということを強調した興味深い作品です。それはちょうど、子どもの時間を誰にも邪魔されずにゆったりと一人で体験することの大事さの主張になっていて、子どもの「神話的時間」を保障する方法になっているのです。

お子さんに、一人でいる時間をじっくり保障していますか？　子どもがお風呂や寝床で語る「神話的時間」にそった話を共有していますか？　子どもがポケーッとしている時間をともに楽しんでいますか？

ちょっと哲学っぽい話になってしまいました。でも子どもって本当はみんな哲学者なんですよね。哲学的というのは、ものごとの前提をすべて取り払ったところで、それを問う態度のことですが、つまらない知識で頭の表面がおおわれていない分、子どもは「哲学者」たりうるのだと思うのです。

※鶴見俊輔『神話的時間』熊本子どもの本の研究会、参照。

子どもがボケーッとする権利

「子どもの権利条約」という条約があるのをご存じでしょうか。国連が世界に呼びかけてつくられた国際条約ですが、日本も一九九四年批准して発効しました。

この条約には、子どももこんな権利をもっているのだということがたくさん書かれてあって、私たちの子ども観を見直すのにたいへん示唆的です。全体は五十四条あるのですが、その中の第三十一条には、子どもの休息や余暇やレクリエーションについての権利が書かれています。子どもは休む権利をもち、レクリエーションすなわち心身をリフレッシュする権利をもち、遊ぶ権利をもっているというのです。

当たり前のことと思われるかもしれませんが、冷静に考えてみるとそうとばかりはいえません。日本の子どもは本当に十分に遊び、休む権利をもっているといえるか、考えてみなければならないことが意外と多いように思えるのです。

私はかつて、わが子の早期教育にチョー熱心なお母さんと対談したことがありました。零歳から家中に漢字カードをはり、暇があれば「タンポポ、ハル、タンポポ、ハル」などと覚えさせているという人です。この子は小学三年生までこうしてやれば絶対に東大に入ります、大丈夫です、とお母さんは自信たっぷりに胸を張りました。私は本当にそれでいいのか疑問に思い、どうしてそこまでして勉強をさせたいと思ったのか聞いたのですが、そのお母さんは次のように答えたのです。

「よく、子どもは遊ばせなくてはいけないというでしょう。それでうちの子を放っておいて遊ばせてみたの。でもじっと観察していると、ボケーッと何もしていないことが多くて、全然学習になってないのよ。あんな時間はうちの子には無駄よ。それで起きている時間はずっと学習させようと思って、私があの子の相手をしているときは、ずっと働きかけ続けたのよ。おかげで二歳から自分で本を読んでくれるようになったし、五歳の今は新聞も読めますよ」

五歳の子が自分から進んで新聞を読みたがるものかどうか、ぜひ知りたいところですし、もしそうだとしたら社会や文化のことが体験的にはほとんど分かっていない子どもが、他人のことば（新聞や本）で社会や文化のことを分かったつもりになっていることになり、たいへん危険なことだと思いました。

それはともかく、ここで考えてみたいのは、このお母さんが子どもがボケーッとしていては時間の無駄だと言っていることです。彼女は親や大人が意識的に働きかけをし、学習を子どもに課しているときにのみ子どもは学習していると信じ込んでいるようです。

本当にそうでしょうか。私は違うと思います。

大人になれば分かりますが、人間の生活を豊かにするうえで感受性が豊かであるということがとっても大切です。春になれば鳥のさえずりや木の芽の息吹に大自然の大いなる生命を感じ、初夏になれば道端のちょっとした雑草にも不可思議な生命輪廻を感じる――そうした感性が私たちの心を躍動させ、生きていることの充実感を私たちに与えてくれます。難しい漢字が読めたり、複雑な方程式を早く解けることが、生命の充実感を与えてくれるわけでは必ずしもありません。

この感性は、人間に本来そなわっている受動性をいっぱい働かせて、風のそよぎを心地よく思ったり、草いきれにムッと感じたり、空の青さに心が吸い込まれるような思いをしたり……というような体験を無限に積み重ねることによって、少しずつ子どもの中にみがかれていきます。それは赤ちゃんのときから、子どもが自分で感性のアンテナを立て、心を静かに外に向かって開きながら、向こうからくる刺激や刺激の変化を感じとる体験を重ねることによって伸びていくものです。言いかえれば、それは、身体という世界に向けて開かれた感受性の装置の働きをとぎすますということです。

大人が次から次へと刺激を与え、それを学習させ続ければ、なにがしかの学習はできるかもしれません。しかし何もないようなところで何かを感じとるもっと深い能力は逆に伸びません。世界への真の能動性が育たないのです。

子どもの権利条約第三十一条は、子どもにもっとボケーッとする時間を与えて、子どもが自分自身でいることを保障し、「深い受動性＝本当の能動性」を育てることの大切さを訴えているように思うのです。その意味で、人間にとって深い何かを語りかけている条項だと思います。一度、子どもといっしょに寝ころがって、じっと雲を眺めてみてください。

第二章　子どもは天才！

子どものことば、聴いてみませんか

子どものことばって、よく聴いているととっても興味深いものです。

〈※ぼくはひとり。
だけどくつはふたりだね。

ほら、先生、見て。
おつきさまが、とけてきたよ。

あっ、虫がいた。
虫じゃないよ、これ、アリっていうんだ。
違うよ、虫っていうんだ。
違うよ。虫のアリっていうんだ。〉

天性の詩人です。わが息子は四歳か五歳だったとき、二つ違いの弟にこんなことを教えていました。

いいか、ナオ（弟の名前）。
あしたの次の日はアサッテっていうんだ。
アサッテの次の日はシアサッテっていうんだぞ。
シアサッテの次の日はな、えーっと、えーっとな、
ゴアサッテっていうんだ！

うーん。なるほど。

間違え方がかわいらしいというか、あどけないというか、ともかく必死にことばを探っている様子が伝わってきて、ほほ笑ましいものです。

子どものことばの面白さには、いくつか理由があります。

一つは語彙《ごい》がまだ少ないために、知っていることばの意味を勝手に拡大して使い、

それが独特の意味の世界をつくり出すことです。

先の例でいえば「おつきさまがとけてきたよ」という言い方がそうでしょう。おそらく、溶けるということばの意味を覚えたので、月の満ち欠けをその状態とそっくりだと思って「月がとける」などと言ったのだと思います。大人だったら「月が欠けてきた」というような言い方を覚えてしまって、新しい言い方など編み出せないのでしょうが、子どもは違います。社会の約束などにまだ無頓着な分、創造が自由なのです。

「くつはふたり」という比喩《ひゆ》もそうです。この場合は想像力や見立ての力の自由さが背景にあります。山が二つ並んでいるのを見て「きょうだいみたい」とか「山がふたり」とは大人は考えつきません。しかし子どもは容易に思いつくのです。語彙が少ないことと想像力が自由なこと、このことが子どもの創造力の本質です。この創造性は、実はことばをつくり出した人類がもっとも必要としたものです。口ということばから、入り口、出口、宵の口などということばを編み出したのも同じ創造力です。

もう一つ、子どもはことばの上下関係がよく分かりませんので、大人が思いつかないような並べ方をすることがよくあります。「虫のアリ」というのはどういう表現でしょうか。一見すると、このことばを言った子は、「これは虫の中でもアリという名のついた虫だよ」と分かって言ったように思えます。しかし私は違うと思います。この子はアリも正しいし、虫も正しいのは分かっているのだけど、「アリ」と「虫」の本当の関係は分からないので両方をくっつけて「虫のアリ」と言ったのだと思うのです。とっさの思いつきです。正しい言い方を二つ並べたのです。

子どものことばの面白さには、子どもが自分で文法を考えて、自力で表現するために間違うことによって、もたらされるというものもあります。たとえば、わが家では長女がよく「おりさせて」という言い方をしていました。「おろして」の言い間違いですが、親は一回も「おりさせて」などという言い方はしていないのですから、これは子どもが勝手に文法を想像して間違ったためとしか考えられません。二歳の子がこんなに文法まで考えるのですから、子どもの知的な力って本当にすごいと感心してしまいます。

わが息子の「ゴアサッテ」にも感心します。勝手にルールを想像してことばをつくったのです。

子どもと付き合っていると、実はこうした宝石のようなことばが、毎日いっぱい発せられていることに気がつきます。気がつかないのは、私たち大人が子どもの言い分をじっくりと聴いて、それ自体を楽しもうとしていないからだと思います。私たちの心にゆとりがなくて、子どもを私たちのペースで動かそうとすればするほど、子どもが見えなくなり聴こえなくなります。

あるお母さんは、子どものことばの面白さに気がついて、毎日小さなノートにわが子のことばを記録し始めました。それがたまったので自分で本にしたのですが、そのタイトルは『ママだいすかい』でした。子どもが「だいすき」ということばと「きらい」ということばをミックスして「だいすかい」ということばをつくってしまったのです。こんな本をプレゼントされた子どもは幸せだろうなと、つくづく思います。

子どもと生きることを楽しむ方法は、遠くに連れて出かけることでも、高いおもちゃを買ってやることでも、はやりの教室に通わせることでもなく、毎日の温かいコミュニケーションの中にあるのだということが示唆されているように思えてなりません。子どもの声を一度じっくり聴いてみませんか。

※寺内定夫『感性があぶない—風を見る子どもたち』毎日新聞社、参照。

子どもはことばを「音」として聞く

子どもの言っていること、していることをじっくりと観察していると、大人がもうとっくにできなくなったことを、実に巧みにするなあと思わされることがしばしばあります。その一つに、ことばを覚えることにかかわる巧みさがあります。

ある保育園の二歳児クラスのできごとです。元気のいいA君が、いつも組み立て遊びを楽しんでいるブロックを片手に、突然大きな声で叫び始めました。

「ええ、いらっしゃい。いらっしゃい。ホッカイドー。ホッカイドー」

どうも「ホッカイドー」なるものを売りたがっているようです。でも「ホッカイドー」って何なんでしょう。A君に聞いてみましたがよく分かりません。迎えにきたお母さんに聞くと、どうやらそれはお店で売っている北海道産のジャガイモのことのようでした。A君のうちは八百屋さんだったのです。きっと北海道産のジャガイモが入荷したのでしょう。お父さんは、

「えー、北海道産のジャガイモだよ。新しいのが入ったよ。おいしいよ」

とでもかけ声をかけて売っていたに違いありません。

ところでA君には「ジャガイモ」という発音よりも「ホッカイドー」という音のほうが、きっと心地よく聞こえたのだと思います。お父さんが何度もかけ声をかけているうちに「ホッカイドー」の方はすぐ覚えてしまったのですが、「ジャガイモ」の方はそうはいきませんでした。ここには子どもがことばを覚えていくときの秘密の一つが隠されています。

私たち大人は、ことばと接するとまず意味ということを考えてしまいます。長くことばを意味と関連づけて使用してきたからです。ところが子どもは、ことばを意味とだけ関連づけてとらえるのではないのです。子どもにとってことばは何よりもまず音なのです。私たち大人が、ことばが耳から入ってくるとすぐにどういう意味だろうと考えるのに比べ、小さな子どもは面白い音だなとか、リズムのよい音だなとか、きたない音だなとか、まず音の質を感じるのです。小さな子どもほどことばの音声的側面にいわば敏感なのです。

子どもは聞いていて心地よく感じる音ほど早く興味をもち、いつの間にか覚えてしまいます。言いかえると、子どもは、人間にとってどのような音が心地よいものかを逆に私たちに教えてくれるのです。

昔の人間、特に書きことばをまだもたなかった時代の人間は、ことばを聞いてもすぐに消えていくわけですから、できるだけ覚えやすい音をということにたいへん敏感でした。それで語呂のよいことばだとか、リズムのあることばをうまくつくり出したのです。詩などにその努力のあとがたくさん残っています。今の人間はそれに比べるとことばの音の側面にはたいへん鈍感になってきたのかもしれません。それだけことばのもっているさまざまな生命力に鈍感になってきていると言ってもよいでしょう。ことばは意味である前に、まず音なのですから。

小さな子どものことばのこの能力をうまく伸ばしていきますと、大きくなってからもことばの音声的側面に敏感な人間に育つかもしれません。ことばの「詩的側面」というか、「芸術的側面」に長《た》けた人間です。

幼児語はその意味でたいへん重要です。幼児語は早く卒業させた方がよいという人もいますが、私はそうは思いません。いずれは誰もが卒業するのですから、幼児語の中に含まれている心地よい音、リズムをたっぷりと体験させてやってほしいのです。要は、ことばを介入した感性教育が大切だということです。

希望づくりの名人

ある保育園で聞いた話。

八月の暑い日のこと。いつものようにその園ではプール遊びが始まりました。四歳のA子ちゃんはプール大好き少女で、いつも真っ先に水着に着替えてプールまでとんでいっていました。その日もさっさと着替えて泳ぐ準備です。そのとき保育士さんは親からの連絡帳に目を通しました。するとA子ちゃんの連絡帳に、「きょうは熱っぽいのでプールに入れないでください」と書いてあったのです。「いけない」と思った保育士さんはA子ちゃんの方を見やりましたが、すでに姿はありません。A子ちゃんはプールに行って、もう足をつけてバタバタさせていたのです。保育士さんは仕方なくA子ちゃんに、

「A子ちゃんごめんんね。きょうはA子ちゃん、風邪を引いているからプール入れないのよ。外へ出てもう一度着替えようね」

と言ったのですが、なかなか聞き入れてくれません。A子ちゃんにしてみれば自分

はこんなに元気なのにどうしてやめなければいけないのだ、というわけでしょう。それにもう着替えて足をバタバタさせているのです。今さらやめろと言われても困る、少しぐらいの熱ならいいじゃないか、そう言いたかったに違いありません。

保育士さんは困ったのですが、水に入れるわけにはいきませんので、結局、A子ちゃんをプールから離して部屋に連れていき、そこで待っていてもらうことにしました。プールのそばにいると、よけいにみじめになるだろうと思ったからです。

A子ちゃんは期待していたプールがダメになったので機嫌がよくありません。みんなが戻ってきてお昼ごはんを食べる段になっても、一人不機嫌で食べようとしません。保育士さんが、

「食べないとおなかがすくよ」

「よけいに熱が出るよ」

などとあれこれ誘いかけるのですが、動じる様子はありません。そのうちにお昼寝の時間になってみんな布団に入って寝始めたのですが、A子ちゃんは寝ることも拒否します。

困った保育士さんはあれこれ働きかけるのですが、効果がありません。ほとほと困

り果てていたときです。ある女の子がA子ちゃんの耳もとで何かをささやきました。するとどうでしょう。A子ちゃんは急にニコニコとして「ウン」と言ったかと思うと、一人でごはんを食べ、さっさと着替えてお昼寝を始めてしまったのです。驚いた保育士さんはその女の子に、

「なんて言ったの？」

と聞いたのですが、

「あとで教えてあげる」

と言って教えてくれません。

お昼寝のあとでその女の子が教えてくれたところでは、その子はA子ちゃんに、

「あした泳ごうね」

と言っただけだというのです。たったそれだけです。「あした泳ごうね」、このひとことがA子ちゃんの機嫌を直し、元気を取り戻してしまったのです。

どうしてでしょうか。保育士さんも一生懸命A子ちゃんに働きかけたのですが、ことごとくダメでした。でも同じ年の女の子がひとことささやくと、とたんに元気になってしまったのです。保育士さんたちは、

「私たちって、どうしても子どもたちをこちらの思うほうへもっていこうとするのね。食事をしてくれないとなんとか食べさせようと思ってしまう。でも子どもたちはそんなことよりも希望が欲しいのよね。きょうダメでもあした泳げるということが確信できれば、もっと早く機嫌を直せたかもしれない。私たちって子どもの心が分かっているようで分かっていないのね」と話し合っていました。

この話はなかなか教訓的だと思うのです。子どもらしいってどういうことだろうとときどき思いますが、一つは間違いなくこの「希望」ということにかかわっています。子どもって、すべてのものを自分の期待するものにしてしまいたいのです。現実にそれができないときは想像上で期待どおりにしようとします。想像の世界では子どもは希望をすべて手に入れ、実現できるのです。子どもたちがおとぎ話やファンタジーが好きなのは、その世界に入り込むと、そこでは自分がいつでも主人公になり、希望をかなえられるからです。

もともと子どもはその意味で希望をつくる名人なのですが、ときどき自分の希望が見えなくなったり妨げられたりします。そういうとき、大人が子どもの心に希望が咲くように働きかけてやれば、それで子どもは自分らしさを取り戻すのです。大人から

見ればそれは〈何でもよい方にとる〉ということになります。ちょっとした失敗をしたら、

「大きな失敗をしなくてよかったね」

雨で計画が実現できなかったら、

「今度できたときは、もっと喜びが大きくなるよ」

などと子どもにできるだけポジティブにとらえさせてやるのです。そうしたとらえ方を心がけることは、大人にとっても希望をつくる能力を鍛えることにつながっています。

子どもはみんな楽天家が好きなのです。

「サンマ　オユ　ミカン！」

「※岩清水レモン」という飲み物があるのをご存じですか。天然水にレモンのしぼり汁をまぜたようなさわやかな飲み物です。商品名ですから、これ以上の宣伝はやめますが、この「岩清水レモン」にまつわるお話です。

一番下のわが息子が幼少の頃、私に向かって、

「サンマオユミカン、チョーダイ」

と言ってきたことがありました。

「エッ、なんだって？」

「サンマオユミカン、ノミタイ！」

「サンマオユミカン？」

何のことだかさっぱり分からない顔をしている私を尻目に、わが息子は冷蔵庫を開けて、例の岩清水レモンを取り出し、

「コレ！」

と言いながらコップに注ぎ始めました。

「なんだ、岩清水レモンじゃないか」

「ウン、だから、コレ、サンマオユミカン」

「うん？　……」

話の要領が飲み込めたのは、しばらく得意そうに笑っているこの息子の顔を眺めてからでした。

息子は「イワシミズレモン」を「サンマオユミカン」と言っているのです。

大人である我々は「岩清水」を「イワシミズ」とひとかたまりの単語として受け取ってしまいます。漢字で商品名が書かれているからなおさらです。

ところが息子はまだ「岩清水」などという単語を知りません。「イワシミズレモン」と聞いて「レモン」は分かるけど「イワシミズ」って何だろうと、きっと思ったのです。よく考えてみたら「ミズ」は分かる。とするとその前は「イワシ」だ。だから「イワシ」＋「ミズ」＋「レモン」がくっついてできているんだ、と大発見したに違いないのです。茶目っ気旺盛なわが息子は、それを一つ一つ言いかえたのです。

「イワシ」→「サンマ」、「ミズ」→「オユ」、「レモン」→「ミカン」と。

それで得意気に笑っているのです。ナールホド！　そうか、こりゃ、なかなかやるわい、とそのときとっさに思ったものです。それ以来、わが家ではしばらく「サンマオユミカン、チョーダイ」がはやりました。

子どもの想像力って、とっても面白いものです。知らないことばを聞いても知っていることばでなんとか理解しようとして、独特の知識の世界をつくっていきます。

上の娘が幼い頃、私たちは都内のライオンズマンションに入居していました。二歳の頃、娘はマンション風の建物を見つけると、「ズマンチョ」「ズマンチョ」と言っていました。何のことだと思って考えてみたら、自分の家が「ライオンズマンション」で「ライオン」は分かるから、残り（つまりズマンション）をひとかたまりのことばだと考えているということが分かりました。娘にとって「マンション」は「ズマンチョ（ズマンション）」だったのです。そのときもわが家ではマンションを見る度に、

「ズマンチョがあった」

と言い合っていました。

子どもが間違った言い方をしても、それをとがめてはいけません。間違った言い方には必ず子どもなりの根拠があるからです。その根拠を知ると、逆に子どもってすご

いなと思えてくるから不思議です。

上の娘とこの末っ子はよくこんなふうにことばを遊んだり、間違えたりしましたが、親である我々はできるだけ、それをいっしょに楽しむようにしてきました。

そのせいか、この二人はずっと大きくなった今でもユーモアが大好きです。父親のダジャレ攻勢をまじに受け止めます。ユーモアの芽は、ずっと小さい頃から芽生えてきますが、それはたいていこっけいな言い方の形で出てくるようです。それを大人が面白おかしく包んでやる、たったそれだけでユーモアの好きな人間が育つとしたら、こんな得な話はありません。ユーモアとは、人生を強く生き抜く知恵なのですから。

登場しなかったこの子の兄貴、つまり真ん中の息子は、残念ながら幼い頃こういう言い間違いやことば遊びをあまりしませんでした。それよりもブロック遊びや模型づくりが好きで、論理的につじつまが合わないことを嫌います。大きくなったのちもその性質は続いているようで、本当に面白いと思います。ただし、長男は中学生になって父親の冗談やダジャレの世界を別の意味で面白がっているようで、将来、冗談やダジャレを論理的に分析するようになるのかな、とひそかに楽しみにしています。

※「高原の岩清水&レモン」発売元／グリコ乳業株式会社。

第三章　子どもの個性

タンポポとラン

慶応大学病院の小児科の医者で、小児精神科を担当している渡辺久子先生は、今多くの思春期やせ症の患者を診ています。思春期やせ症というのは、思春期になって、やせることが美しくなる条件だとばかりにやせることにこだわり、やがてほとんど食べることができなくなって、死に近い状態までやせていく症状です。

こういう症状になってしまう子どもは、本当はやせることにこだわっているのではなく、心の深いところで何かを懸命に訴えているのだといいます。いじめられたことがきっかけのこともありますが、多くは自分の親に対する訴えです。時には親に対する恨みのようなものを、食べない、あるいは幼児に返るような行動で示すというのです。

親が特別に問題のある行動をしたためではありません。ただ、子どもの中には特にデリケートに生まれることがあるのに、その子のデリケートさを親が無意識に犠牲にするようなことがあったときに、こういうことが生じる可能性があるというのです。

渡辺先生は子どもにはタンポポの子もいればランの子もいる、それぞれによって扱い方が違わねばならないといいます。

タンポポの子というのは踏まれてもまた立ち上がってくるたくましさをもった子です。少々親が無視しようが叱りすぎようが、そんなことでは心に傷が残らない子です。多くの子はこうした遺伝子をもって生まれてきます。

ところがたまにこうした遺伝子ではなく、たいへんデリケートな遺伝子をもって生まれてくる子がいるというのです。こういう子は頭がよくて、小さい頃から大人のことが分かってしまうのですが、逆に環境の変化に適応するのが苦手なのです。まるでランのように、適切な環境でないと育ちませんし、踏まれると大きな傷が残ってしまいます。

思春期やせ症に多いのは、たとえば上の息子や娘がタンポポタイプで、そのように扱って問題なかったので、二番目の子（たいてい女の子）も同じように扱ったのだが、この子が実はランタイプであったというような場合です。たいへんデリケートなのでどうしてこの子はこんなに神経質なのかしら、とイライラして育ててしまうのです。

ランタイプの子は、親の遺伝子の無数の組み合わせの中からたまたまそういうタイプに生まれただけで、決してわがままな子なのではありません。しかし、上の子がそうじゃなかったのにこの子はどうしてこんなに神経質なのだろうということで、親はしばしばイライラしてこういうタイプの子に接してしまうのです。

ランタイプの子にとっては、親はどうして私のことを分かってくれないのだろうということになって、いつも我慢ばかりさせられるという思いで育てられることになります。それが心の深いところで恨みのような感情になるのです。

思春期やせ症になるような子はそんなに多くはいないと思いますが、渡辺先生の話は育児をしている人間にとって、大事な示唆を含んでいるように思います。

私たちはえてして、子どもにこう育ってほしいという願いから子どもを見てみたり、子どもとはこういう存在だという固定観念をもってわが子に接しているものです。こういう立場が強すぎると、子どもを私たちに従わせようとしてしまいがちです。

しかし、子どもの中にはそういうふうに接されると、自分を出せなくて心の深いところに欲求不満を蓄積してしまう子がいるのです。

つまり、子どもが幼ければ幼いほど、子どもに私たちが合わせなければならないということなのでしょう。昔の親は子どもをたくさん育てましたので、こういう子はこのように接しなければダメなのよ、という知恵をもっと持てました。だから思春期や摂食障害のような子は出てこなかったのでしょう。

私たちにとって大事なことは、人間にはタイプがあるということをよくわきまえておくことです。タンポポタイプもあればランタイプもある。それ以外に月見草タイプやタデタイプなどもある。もっともっとある。そしてそれぞれに応じた育て方をしなければ、その子のもっている潜在的可能性を十分に引き出してやれないということなのです。

そう考えると、子育てというのは、実はわが子がどういうタイプの子どもであるかを見つけ出す営みでもある、ということが分かります。子どものちょっとしたしぐさや反応から、この子はこういうタイプなのよねって見出し、それを大事にしながらその子らしい伸び方を発見すること。これが子育ての本当の楽しみなのかもしれません。

うちの子はわがまま?

スーパーに連れて行くと、あれだけ約束してあったのに、お菓子売り場のゼリーの前で、

「買ってー!」

と大声でわめく。

「ダメよ!」

と言っても絶対に聞かない。

「イヤ! 一個でいいから買ってぇー!」

「ダメです!」

「イヤだぁー、買ってぇー!」

「ダメだと言ったらダメです!」

「イヤだぁー!」

とうとうゼリー売り場の前で寝ころんで、足をバタバタさせながら、大声でねだり

始める……。

こんな目にあったお母さん、意外と多いのではないでしょうか。こういうときはどうしたらよいのか、親として本当に迷ってしまいます。そしてたいてい、

「私の育て方、間違ってたのかしら。どうしてうちの子はこんなにわがままになってしまったの。本当に情けなくなってしまう」

などと嘆くことになります。

服脱ぎ競争をして自分が一番でないと、

「もう一回！」

と言って聞かず、一番になるまで何度でもやりたがるとか、パジャマを自分で着ると言って聞かず、ボタンをかけられないと泣いてしまうとか——わが子の「わがまま」ぶりに困り果ててしまうことは意外と多いものです。

しかし、こうした子どもの行動は、本当に「わがまま」といえるのでしょうか。別の言い方をすれば、こういう子どもの行動は強く矯正（しつけ）しなければならないものなのでしょうか。

私はこうした行動の大部分は、「わがまま」などというものではなく、意欲はあっ

ても、その意欲をうまくコントロールする力がまだ十分成長していないことによる、子どもの自己主張の現れにすぎないと思っています。

前話で述べたように、子どもには生まれつきの反応のパターンに違いがあります。ランタイプ、タンポポタイプなどの性格の違いだけでなく、興奮しやすいけれども抑制がききにくい、逆に興奮しにくいが抑制が強いなど、脳の活動の型にも違いがあります。そして、興奮は早いが抑制はゆっくりという前者タイプの子は一般に「わがまま」に見えやすいのです。子どもが興奮も抑制もスムーズにできるようになるには生後十年以上かかるといわれています。あせってもダメなのです。「わがまま」に見える自己主張の強い子は、むしろ積極タイプになる可能性があります。

でも、実際にスーパーなどでだだをこねられたら困ることは事実です。こんなとき、親はどうしたらよいのでしょうか。

結論的なことを言いますと、私は、親はそんなに甘くないわよという原則を貫く以外にはないと思います。安易には妥協しないという原則を貫くのです。時には、抱き上げて、わめいても連れて帰るぐらいの態度も必要でしょう。ただし、子どもは「わがまま」を言っているのではありませんから、強く「叱る」ということは禁物です。

叱らないで毅然と拒否するのです。

もちろんあまりにかたくなな原則は、かえってぎこちなくしてしまいますから、何ヵ月も欲しがっているものがあれば、たまには「きょうだけよ。いい、きょうだけよ。いつもじゃないのよ」と念を押して買ってやればよいと思います。ふだんは〈絶対に認めない〉という態度を示して、何時間でも泣かせておくようなことがあってもよいと思います。そのときが「世の中、何でも自分の思うとおりにはならないのよ」という人生の引導をわたすときだと考えるのです。あとでしっかりと抱きしめてあげればよいでしょう。

確かに自分を通すタイプの子は扱いにくくて疲れます。しかし、そういう子は〈自分〉を豊かにもちうる可能性があるのですから、しばらくはあきらめることです。二～四歳というのは自分を客観的に見ることのできない年齢です。五、六歳になると、自分があれほどだだをこねていたのが恥ずかしいと思うくらいに、大きく変わってしまうことがあります。自我が育ってくるというのはそういうことです。

お母さんにとって一番大事なのは、おどおどせずに自信をもって接することです。子どもは親がおどおどしていると、もっと主張してよいのだ、頑張り次第で、親は折れるかもしれない、などと判断してしまうからです。

〈また始まったのね、いいわ、やってなさい〉

と、距離をもって接する。その落ち着きと子どもへの深い愛情。それも子どもの自我を育てるのです。

子どもウォッチング

日本に永く住んで、日本で子どもを生み育てているフランス人女性、コリーヌ・ブレさんが『おへそを眺めながら』（筑摩書房）の中で面白いことを書いていました。

彼女はよく幼い一人娘を連れて街に出るのですが、その度に電車の中などで「かわいい！　お人形さんみたい！」というようなことばをかけられるといいます。娘さんにとっては生まれてもう何百回も同じことを言われていることになります。彼女は、はじめはそのことばがうれしかったけれども、そのうちに聞き飽きてしまったといいます。

――「かわいーい！」と言われると、娘は「かわいくない」と言いながら私のスカートに顔を隠す。そう言った人は娘が照れたと思う。しかし、違う。彼女は照れてはいない。顔を見せたくないのだ。（中略）小さい子どもに対して、「かわいい」のような軽い言葉より、もう少しその子の人間的な部分を見てあげてほしいのだ。――

なるほど、と考えさせられました。

日本人は幼い子どもを見ると、つい「かわいい」というようなほめことばを親におくりますね。知らない親子と外で親しくなったときにかけることばの代表はまず、この「かわいい」で、その次が「お母さんにそっくりね」ぐらいではないでしょうか。それ以外のことばはあまり聞いたことがありません。

でもよく考えてみればその子どもを見ても――A男くんもB人くんもC恵ちゃんもD子ちゃんも――みんな「かわいい」ですますというのは失礼なことなのかもしれません。親にではなく、その子に対してです。その子をよく見てその子に本当にふさわしいほめことばを探すのではなく、どんな子でも通用するきまり文句を言っているにすぎないからです。

子育てにはさまざまな不安や心配ごと、疲れなどがつきものですが、それを吹き飛ばしてくれるのは、根拠のない楽観論、理想論ではなく、わが子をよく観察してその子の人間的な素晴らしさを発見することでしょう。

私もはじめて親になったとき、娘がハイハイするのに根気強く付き合ったことがあります。子どもというのはハイハイを始めたとき、なかなか前に進めず、逆に後ろへ下がってしまいます。そこで、足の後ろを手でついたてのように支えてやり、前へ進むコツのようなものを教えてやります。やがて自分で前に進めるようになると目標とするものを目指して、かたつむりのような歩みを始めます。そのときの子どもの懸命な姿勢。顔にじっと汗がにじんでもなお、目標に向かって進み続けようとします。

私はそれを見て、大人であるこの私は、これほど純真に何かにひたむきになることがあるだろうかと考えてしまいました。歳をとることはものごとへのひたむきさを失っていくことなのかもしれません。私は、娘が赤ちゃんのときにハイハイをしながらにじませたあの額の汗を一生忘れることがないだろうと思っています。

育児をするときに一番大切なことは、子どもをいつもよく観察することではないでしょうか。色めがねをかけないでじっくりと子どもを観察すれば、子どもの行動とは実に興味深いものだということが見えてくるはずです。同じ親の子でも、きょうだいでかくも性格が違うものか、観察をしっかりすれば面白く見えてきます。

そして観察するときは、すぐに子どもをほめたり叱ったりはしないことです。先に挙げたブレさんは、自分の子どもが一歳のときに食事場面で食べ物を下に落とすのを「ダメ」と言ったりせず、いつもよく観察したといいます。半年間も毎日観察していると落とし方にも違いがあることが分かってきたけれども、でもなぜ落とすのかは今も分からないと言っています。そして人間の本能には下に落としたい欲求があるのかもしれないなどと考えているそうです。面白いですね。

育児は、その意味で楽しむべきものであり、人間ウオッチングでもあります。しかし、最近の日本ではそのように子どもをじっくり観察して面白がるという心のゆとりがなくなってきたように思えてなりません。

もし、子どもをじっくりと観察する習慣があれば、他人の子どもを見たときに、どの子にも「かわいい!」と言うようなことは減ってくるはずです。

「へえー、ずいぶんと目もとのすずしいお子さんね。美人になるわよ」

「あら、意志の堅そうな口もとですね。こういうお子さんは、きっと大物になりますよ」

「あらあら、ずいぶんマイペース型のお子さんね。マイペース型のお子さんって幼いときは扱いにくいけれども、あとで自分を大事にする人間になるのよね」

どの子にもある「その子らしさ」＝「持ち味」をうまく発見してやるのが親の務めだと思います。そのためにこそ観察が大切なのだと思うのです。

面白いエピソードを一つ。ある短大の児童文学担当の先生が、

「これから私の授業では『かわいい』ということばを使ってはいけません。別のことばで言いたいことを表現しなさい」

と学生に要求しました。学生はそれこそ「エーッ」となりましたが、一年後、みんなずいぶんためになったといいます。

「私は今までかわいい女になりたいと思っていたけど、『かわいい』って、考えてみれば中身がないんですよね。一年間、自分が問われたみたいです」

こういう感想も多かったそうです。みなさんも「かわいい」を使わずに、わが子や他人の子をほめてみませんか。

親ばかのすすめ

先日、ある雑誌で育児相談を依頼されました。読者からの相談が三十人分ほど寄せられているので、それに回答してほしいというものです。

三十通ばかりの相談内容を読んで、ちょっと考え込んでしまいました。ほとんどの相談が、わが子は自分の期待するようなタイプではないということを嘆き、なんとか変わってくれないかと腹立たしげに訴えているのです。

「三歳の長男と一歳の長女の二人の子がいます。三歳の子の方ですが、もう少し強い子になってくれないかとイライラしどおしです。近所の公園の砂場に行って、いつも自分の持っているおもちゃを近所の子どもに取られてしまうのにイヤと言えません。じっと取られるままになっていて、そのうちに目に涙を浮かべてベソをかいているのです。ダメって言いなさいとそばにいて言うのに一回も言えたためしがありません。仕方がないので、いつも私が取られたおもちゃを取り返しにいきます。この間は頭にきていつも取ってばかりいる子の頭をゴツンとやってしまいました……」

こうした調子のものが圧倒的に多いのです。もう少し優しい子になってくれないものか、もっと一つのことに熱中する子になってくれないものか……。中には私が図太いタイプなのだからわが子がこんなに神経質なのはおかしい、というようなものもあります。

ウーン。気持ちは分からないでもないのですが、これでは育児が不必要につらいものになってしまうのではないかと同情してしまいます。ないものねだりをしている感じが強くするのです。もっとわが子を本音でほほ笑ましく見つめる手はないものでしょうか。

一つは、子どもはそんなに器用に、大人の期待するような行動をするようになるわけではない、ということを積極的に認めることだと思います。子どもは、遺伝的に引き継いだものと、生まれてから偶然体験して学習したもの（たとえば、あるときワーワー泣いたら優しくしてもらえたなど）の二つが合わさってその子の独自の行動の型ができていきます。私はこれを、その子の「伸び型」といっています。

たとえば水泳の指導をするのに、つべこべ言わずにプールに放り込んでやればいいのだという人がいます。そうして放り込まれてもワーワー言いながらいつの間にか水に慣れてしまう子もいるでしょう。でも中には、怖がって二度と水に入りたくないという子も出てきます。親としては、わが子が前者のようなタイプだとうれしいのかもしれませんが、しかし後者のようなタイプは前者のタイプの子どもよりも「劣った」子といえるのでしょうか。

実は同じように生み育てた場合でも、兄が後者タイプ、弟が前者タイプというようなことがしばしばあるのです。親としては不思議に思えるのですが、同じ親、同じ環境でもこの程度の違いは出てくるのです。これは先ほど述べた遺伝プラス偶然学習による「伸び型」が違うからであり、伸び方の個性が違うからです。水を怖がるタイプの子は、水が平気な子よりも未知のものへの警戒が強いタイプで、それがその子の反応の基本型なのです。でも決して未知のものへの警戒が弱い子に比べ「劣って」いるわけではありません。そうした方法で未知のものへのスタンスを決めていく個性の芽なのです。

もう一つ、子どもの育て方で知っておいた方がよいことがあります。それは幼いときの「性格」が大きくなったときにそのまま残るわけではないということです。というか大人に要求される社会性は、幼い頃にどのようなタイプの子であっても、やがてみんなだいたい同じようにいつの間にか身につけるということです。たとえてみれば、山に登るのに出発点からのコースは千差万別、百人いれば百人が別のコースをつたって登り始めるのですが、上の方に行きつけば行きつくほど、だいたい似たようなコースにたどりつくということです。

私自身、幼い頃一年間幼稚園に通った経験がありますが、誕生会のときに自分の名前を恥ずかしくてとうとう言えなかったのをよく覚えています。でも今はそんなことはありません(当たり前ですが)。私の友人に、小学一年生のときに「とろい子」と思われていたのに、その後、実にテキパキ型になって現在では中学校の名物教師になっているという人もいます。

要するに、幼い頃に親の期待するような行動をしない子であっても、それがそのまま続いて「ダメ」な人間になるわけではないのです。はじめの相談例のような子であれば「人にイヤと言えない優しさをもった子なのだ」と思ってその子のよい面を見つめてやればいいのです。そこを認めてやると、子どもはよく見られていると思って、自信ができ、自主性のある子に育っていくのです。大切なことは、親ばかになってわが子の性格をよい方に見てやることだと思います。

何をするのものろくて、人より遅くしかできないように見える子は、「のろい」と見るのではなく、「すべてをていねいにしなければ気がすまない子」「一つ一つ味わいながらやる子」と見てやるのです。それがその子の反応型であり、伸び型だと信じるのです。

短気ですぐカッとなる子は、「この子は大きくなると、社会の不正義にすぐカッとなって怒ることのできる子になるタイプだ」と思って、逆に期待してやればいいのです。

人の中でリーダーシップをとれず、人について回るだけの子は、「この子は集団の中でみんなの穴埋めをじょうずにする子になるに違いない。優しいから人を引っぱれないのだ」と見てやります。

そう信じていれば、本当に子どもはそうなっていくから不思議です。子どもには、よく見られているということからくる自分への信頼感が何よりも大切だということです。親ばかは、最後に勝つのです。

第四章　こんな体験、たくさんさせてあげましょう

体験派vs.知識派

「究極の選択」問題を一つ。

A君は来年四月から小学校に上がるのに、まだ文字に興味も関心もありません。当然ひらがななど全然読めません。けれどもドングリはどんな木になっているか、どこへ行けば大きなドングリが落ちているかなどは実によく知っていますし、虫などにも興味があって、アリの巣を棒で深く掘り探ったこともあります。

B君はA君と同じ年齢ですが、すでに文字はすらすら読めるし、ひらがなは書くこともできます。先日もおばあちゃんに、たどたどしいながらも自分で手紙を書いていました。図鑑も大好きで、虫や植物についてもかなり博識です。でも本物の虫になかなか触れず、幼稚園で飼っているカメさんも、持ち上げてみたことはまだ一回もありません。

さて、A君かB君か、あなたのお子さんならどちらがいいですか。

本音で——本当にA君、B君のいずれかがわが子だとしたら、と想像して——判断してみてください。

A君は行動派、体験派ですが、文字や数は少し奥手の子です。学校でみんなにきちんとついていけるかどうか、親としては多少心配でしょう。B君は一定の知的関心の高さをもっている子で、学校でも勉強に適応するのがじょうずだと思われます。ただし、体験から得た知識はA君よりうんと少なそうです。

どちらの側面ももっている子が理想というのはダメです。A君、B君のいずれかを選んでほしいのです。夫婦でも議論してみてください。

さて、結果はどうだったでしょう。

好奇心があるという点から見ると、A君もB君も相当に好奇心があるといえるでしょう。でも問題はその中身です。

A君の好奇心は事物そのものに向かっています。すでに誰かに名付けられたものや誰かにまとめられた知識に向かっているのではありません。自分で植物や動物、自然そのものに向かっていき、自分で体験的な知識をつくりあげることに好奇心は向いているわけです。

これに対してB君の好奇心は事物そのものに向かっているのではなく、事物の名称や事物についての知識に向かっています。事物そのものを知りたいのではなく、事物について誰かがまとめてくれた知識を知りたいのです。

受験のことを考えたら、B君のように誰かが考えてくれた知識を覚えることに関心がある子どもの方が有利かもしれません。しかし、おそらく、こういうタイプの子どもは大きくなるにつれて、自分で現実の世界に飛び込み、そこに問いを自分で見つけて自分の知識をつくり出すということは、あまり得意でなくなるでしょう。つまり考える力の根っこのところが十分身につかなくなる可能性が大きいのです。

それに対して、A君の方は、まとまった知識を蓄えて要領よく答えることは幼い頃は得意ではないかもしれませんが、何にでも体当たりして自分で納得して答えをつくり出すことが、やがてじょうずにできるようになる可能性があります。

たとえば「氷」について、B君は、

「氷は零度になったら水が凍ってできるんだよ」

とすぐ言えるようになるでしょう。それに対してA君は、そういう知識はないかもしれませんが、バケツに入れた水を冬に外に出しておいたら氷ができたと知ったら、コップでもできるかな、砂糖水でもできるかな、おしっこも凍るかな、お父さんの飲むビールはどうかな……と、自分でどんどん調べ出す可能性のある子です。自分で思いつかなくても、ちょっとヒントを言ってやったら自分でやり出す可能性が高いのです。零度で水が凍ることくらい学校へ行けばやがて学びます。そういうことを他人から与えられた知識として早くに覚えようとするのではなく、自分で氷の世界をいっぱい体験することに興味があるのがA君なのです。

どうですか。こう考えれば、たとえスマートでないにしてもA君タイプの子の方があと伸びする子だと思いませんか。理想をいえば先に触れたようにA君、B君ちゃんぽん型がいいのかもしれませんが、私はA君型を追求するほうが育児の楽しみを増やしてくれると確信しています。

「実物！　実物！　わたしたちはことばに力を与えすぎている、ということをわたしはいくらくりかえしても十分だとは思わない」（ルソー著、今野一雄訳、岩波書店『エミール』より）

「物そのもの」体験

ある雑誌に一～三歳児用の通信教材がはやっているという記事がのっていました。へぇー、一歳児の通信教材ってどんなものだろうと思っていたら、大部分がビデオやDVD教材だということです。

ビデオを見ているとアニメキャラクターが登場し、食事場面なら食事場面で、

「さあ、食べよう。おっと、その前になんて言うのかな」

などと問いを発します。子どもは大きな声で、

「いただきまあす！」

と画面に向かって言います。すると画面からみはからったように、

「そう、いただきます、だね。よくできたね」

などという声が返ってくるという仕組みです。

形を見て、三角や四角という名称を言い当てるというようなものもあります。要するに初歩的な知育としつけをビデオ教材にやってもらおうというわけです。

私はその記事を読んで考え込んでしまいました。確かに、しつけも教育も何もかも親がやらなければならないとしたら、たいへんです。じょうずにできる人はいいでしょうが、大部分の親はそうはいかない。いきおい人の手を借りたくなるというのが現代の育児なのですが、それにしても一、二歳児にビデオでしつけや教育をすることが本当によいのだろうか、これは大いに検討の余地があると思われたのです。

私が疑問に思ったのは、生身の人間と対峙して「おはよう」と言うのと、ビデオのアニメに場面設定がしてあって「おはよう」と言う練習をするのとでは、大事な違いがありはしないかということです。砂場の砂で苦労して山をつくって、それを横から見たら三角になっているというのを感じとるのと、ビデオ画面である形が提示されて「これが三角形だよ」と教えられるのとでは、異質な体験をしているのではないか、ということです。

何が違うのか。たとえば、一度お母さん方も子どもといっしょになって砂場遊びをしてみてください。実際の砂をいじっていると、砂という単純な素材だけれども自然のありがたい恵みで、自然というものの感触を与えてくれるだけでなく、そこに人間が自分のイメージを多様に実現できるということ、砂がサラサラ流れ落ちるのを見て、自然の摂理を感じとったり、時には人生の意味さえ感じとったりできるということ、などなど、実にいろいろな思いがよぎってくるのが感じられると思うのです。そのザラザラとした感触に、忘れていた自然の感触を取り戻し、そのとたんに自然の中に潜り込みたいという思いがわっと襲ってくる人がいるかもしれません。じっくりと砂と対話していると、心が穏やかになってくるのを感じる人もいると思います。そこに人工的な時間や空間と違う自然の時間、空間による包容を感じるからです。石川啄木は一握の砂に人生のはかなさを感じとったのでした。

つまり、砂は砂なのですが、それは単なる砂であるだけでなく、「存在の世界」の具体例として私たちの前に姿を現している「物」なのです。本当の砂と接するということは、この「物そのもの」に接することであり、存在の深みに接するということなのです。

「物そのもの」には無限の意味がつまっています。そのどれを発見するかはその人の人生の経験によってさまざまでしょう。「物そのもの」は人間にそのちっぽけさや偉大さを感じとらせてくれる、ほかにない素材なのです。宮沢賢治が『銀河鉄道の夜』という作品をどうして書くことができたかは、一夜、何時間も星を眺めていればきっと分かります。星という「物そのもの」は私たちの想像力をいやがおうでもかき立ててくれる「存在の世界」の象徴なのです。

人と本当に接してあいさつするのと、ビデオ画面であいさつもどきをするのとでは意味が異なるのはこの点だと私は思います。生身の人間という「物そのもの」は表情や体感や体温などさまざまなメッセージをもって人に対峙します。そこに子どもは存在の意味を感じとり、自分の心をその人に送り届けたり拒否したりするのです。

ビデオは便利なツールなのですが、それは「物そのもの」ではなく、物についての名前やレッテルを伝えてくれるだけ、あいさつや判断の型を手にする練習をしているだけとわきまえておくことが大切ではないでしょうか。「物そのもの」はビデオでは感じとりようがないのです。

ビデオ教材の便利さについ引き込まれてしまう私たちですが、もしこういうものを使うのであれば、それに倍する「物そのもの」体験を子どもたちに保障すべきでしょう。そのバランスが大事だと思うのです。

五感を鍛える

布袋の中に何やら物が入っている。中をのぞいてはいけない。手だけを突っ込んで、中に入っている物が何であるか当ててみなさい。――こんなゲームをしたことがありませんか。

みなさんもお子さんといっしょに一度遊んでみてください。布袋の中にりんご、みかん、ボールやけん玉の玉などを入れておいて、手で触るだけで、それが何か当てっこするのです。

これは子どもたちの五感がどれだけ豊かに育っているかを試すゲームです。五感とは視覚、聴覚、触覚、味覚、嗅覚のそれぞれを司る感覚です。そのうちの感覚の、一番敏感な手で、触覚を試すわけです。

『感性があぶない―風を見る子どもたち』（毎日新聞社）という本の著者である寺内定夫さんは、この本の中で、このようなゲームで中の物が何か、当てることができない子どもが増えていると報告しています。

その中にこんなエピソードがあります。幼稚園、保育園の四、五歳児に触覚、嗅覚、味覚を調べる調査をしました。触覚は前述の方法、味覚はかじって食べて判断する方法、嗅覚はにおいだけをかいで判断する方法で調べました。

子どもたちの中には布袋の中のオレンジをおにぎりと言ったり、けん玉と言ったりする子もいて、正答率は予想をかなり下回るものでした。その中にこんな子もいたそうです。

「当てっこ遊びをまたやりたいという子どもたちの中で一人だけ、もうしたくないと悔しがった五歳の女の子がいました。その子は行動が積極的で、ひらがなの読み書きができ、何でも知っているタイプの子です。この子なら全部答えられて当然と、当人はもちろんほかの子も保育者も思っていましたが、事実は逆でした。知識は人一倍なのに生活経験が不足していて感覚的なことが未熟だったのです」

この子自身はショックだったのでしょうが、彼女にとって五歳の段階で自分の「知の偏り」に気づかされたことは、よかったのかもしれません。

現代は、何でもできるだけ早く結果が出ることに価値が置かれる時代です。消費生活に関していえば、このうえなく楽で便利になってきたといえるでしょう。しかし、子どもたちを育てていくときに彼らを「知の消費者」にしてしまってはいけないと思います。知の消費者というのは、知識をできるだけ手っ取り早く人から聞いたり図鑑で調べたりして知るだけで、自分の五感で確かめたり探究したりすることを大切にしないタイプの人間のことです。

本当に知っているということは、身体ぐるみで——つまり五感すべてが働いて——その存在論的な意味を知っている（感じとっている）ということではないでしょうか。たとえば、大根を知っているというのは、大根がどんなところでどんなふうにつくられていて、とれたての味はどんなもので大根おろしはどうしてつくられ、からいときの味はどんなで、甘いときの味はこんなで、大きいものはどれくらいの重さがあって、などなどのことが体験的にも分かっているということであり、そして自分にとって、自然にとって、大根という存在はこういうものであるということが、漠然とでも感じとれているということです。

知るということは、ものの「意味」がわかるということですが、意味は五感を駆使して感じるということが出発になって、私たちの心の中に発酵していくものです。英語で「意味」のことを「sense」といいますが、sense は感じること、感性も指すのは、こういう事情を反映しているのだと思います。

乳幼児期は、この「知の素」ともなる感性――感じ分ける力、感じとる力――を鍛える絶好の時期です。においをかいだだけで大根とにんじんが区別できる子は、きっと大人になっても世界を感じとり、人間のその中での意味を求める知性の持ち主になっていくでしょう。先ほどの女の子は、私たちにそのことの大切さを示唆してくれているように思います。

子どもは風の子　薄着の子

日本は世界でもっとも寿命の長い国になったのですが、本当に身体が丈夫になったかどうかというと多少疑問に思うことがあります。

たとえば、日本のように衛生環境が比較的整っている国以外へ行ったときの日本人の体調の変化があります。インドでアジア競技大会があったときのことです（アジアの国々のオリンピックです。一九九四年は広島で行われました）。そのとき、日本の選手団はみんな日本から大きな水入れに水を入れて持っていったのです。現地で生水を飲むと絶対に下痢をするといわれていたからです。生野菜も絶対に食べないようにいわれていたそうです。暑い土地で下痢をしたとすると選手にとっては致命的です。

そこまで用心したのですが、残念ながら日本の選手の多くは大なり小なり下痢に悩まされてしまったといいます。要するに雑菌に弱かったのです。ところが、驚いたことに、アジアのほかの国々から来た選手の中には、食堂で生水を飲んでも下痢一つしなかった人もいたそうです。これには驚かされます。

私たちはあまりに快適な環境を求めすぎてしまったために、雑菌と共生でき、自然の厳しさに耐える身体を少しずつ失ってきているのかもしれません。薬と現代文明に守られて辛うじて長生きしているのでしょうか。

現在七十歳、八十歳という人は子どもの頃はアジアの多くの選手たちと同じような生活をしていたはずです。その人たちが今長生きしているのです。私たちや私たちの子どもたちは今よりも長生きできるでしょうか。人工的につくられた「健康」はそんなにもつものではないと思います。

インドネシアの子どもたちを調査したある医師は、彼らが飲む水には雑菌がいっぱいなのに、どの子の肌も実にきれいですべすべしていて、アトピーの子、アレルギー体質の子がいないと報告しています。彼らがみな寄生虫を身体にもっていて、それに対する抗体反応がアレルギーを防いでくれていることは、今や定説です。

O－157が大きな問題になりましたが、O－157は昔からいた菌のはずです。アジアの諸国にも今でもいます。なのにそれほど問題にならないのは、菌との共生力の違いとしか考えられません。

子どもの身体をもっと鍛えましょう。子どもは体重の割には食物を多くとります。

キログラムあたりでいえば子どものほうが多く食べているはずです。それで、子どもの方が熱の発散がさかんで体温が通常高いのです。

体温が高ければ熱の発散もさかんなのですから、子どもは大人よりも薄着で十分です。私の上の娘は幼い頃、冬も半袖のTシャツ一枚でよく走り回っていましたが、それでも寒くないのです。

これからは、子どもをすぐに自転車や車に乗せないで、たくさん歩かせてやってみてはどうでしょうか。歩くことは足腰を鍛えるだけでなく、子どもが興味や好奇心を発揮するチャンスを広げます。感性の豊かな子に、と思われるお母さんは、面倒でもゆっくりと子どもといっしょに散歩してください。私がいつも言っている目安は年齢×一キロメートル、つまり三歳なら一日に三キロメートルくらいは歩かせてほしいということです。ゆっくり歩けば興味、関心はいやでも広がります。

ニキーチン夫妻※の子どもは冬でも雪の上を素足で歩き回っていました。氷のはった池でも泳いでいました。私たちが子どもの身体を鍛えようと決意すれば、いろいろなことができるはずです。それが子どもへの最大のプレゼントでしょう。

※ロシアの幼児教育実践家。著書は『ニキーチンの知育遊び』（暮しの手帖社）など。

身体の豊かさ

知育・徳育・体育というのは教育の中身を大きく三つに分けるときの伝統的な分け方です。幼い子どもの場合、物の名前を覚えたり右と左が区別できるようになったりというのは知育で、黙って人の物をとってはいけないとか順番を守るということを教えるのが徳育で、しっかりとした足腰を育てたり病気になりにくい身体を育てることが体育です。

そこで質問です。幼児の場合、この三つの教育の中でどれをもっとも重視すべきでしょうか。

当然どれも欠かすことのできない大切なものですが、どれをまず重視すべきかと問われれば私は三番目の体育をためらいなく挙げます。

体育といっても、ここでは小学校の体育の授業のようなものをイメージするとちょっと違ってきます。「身体を豊かに育てる」ということをイメージすればよいのです。

身体を豊かに育てるということの中にはいくつかの意味が含まれています。まず第一に、丈夫な身体をつくることがあります。風呂あがりに水をかけてやって寒さや冷たさに自律神経がさっと働いて汗腺を閉めることができるように訓練してやること、あるいはしっかりと歩けるようになったら少々のところは子どもに歩かせて足腰を鍛えてやることなどがそれに当たるでしょう。

日本では昔から子どもに薄着をさせることが大切にされてきました。これは子どもは大人よりも体温が高いので薄着のほうがよいこと、身体の汗腺の開閉で体温調節ができる身体を育てることの二つの意味があったようです。生涯にわたる丈夫な身体を育てるためには幼いときに、自然の変化に柔軟に適応できる能力を鍛えてやることが大切なのです。私はそのために夏はいつもクーラーというのではなく、自分の汗で体温調節できるように鍛えてやったり、少々の距離は自分で歩くことができるようにするための配慮が必要だと思っています。

身体を豊かに育てるということには、もう一つの大切な意味内容があります。それは感性が豊かに働き、ものごとを身体ぐるみで分かろうとするような身体、言いかえれば自然に多様に感応し、感じ、考え、表現する身体を育てるということです。

ドイツには有名なシュタイナー学校[※1]が数多くありますが、その一つで学んだ日本人の子安フミさんについてお母さんの美知子さんが書いて[※2]いることは、とても参考になります。フミさんは小一、小二の二年間ミュンヘンのシュタイナー学校で学んだあと日本に戻り、中学生になってから再び元のシュタイナー学校に戻りました。、途中四年間のブランクがあったため、もとの同級生とどこか感覚のズレを感じます。特に畑づくりの授業でのほかの生徒の会話がフミさんにはショックでした。ほかの生徒たちは小学校の一年生からずっと畑耕作をやってきています。その彼らは、土を手にとって、

「ほら見て、この土生きている！」

「この土死んじゃっている」

などという会話をしているのです。ところがフミさんには土のそんな違いなど分からず、その詩的な会話が全く理解できなかったというのです。

それはこれまでも言ってきた感性の働きの違いといってもよいものでしょう。ものごとを深く感じ、その微妙な違いを感じ分けて理解するのには目と耳だけでは不十分です。五感のすべてを使って直観的なイメージを多様に頭の中につくり、文字どおり

身体ぐるみで分かってこそ、詩的な言葉が生まれるのです。そしてそういう言葉を手に入れたとき、人間は自然の一員としての自己を理解できるのだと思います。

このような感性豊かな身体を育てることも身体づくりの重要なテーマなのです。そのために土をいじる、素足で歩く、水の中でバシャバシャする、日なたぼっこをする、星々を見る、野山を歩く、動物を飼う、植物を育てる、ポケーッと空を見るなど……。身体をフルに使った活動、遊びを十分に体験すべきだと思います。それが本物の好奇心を育てるのです。

年齢を重ねても好奇心旺盛で新しいものにチャレンジできる人たちはみな、身体が元気で、理屈ではなく身体でものを分かろうとしてきた人たちだと思います。そう思うと、幼児期の「体育」の大切さが理解できるのではないでしょうか。身体！　身体！　このこだわりが本物の教育を保障してくれるのだと思います。

※1ドイツの思想家R・シュタイナーが一九一九年に開いた学校。教育を科学でなく芸術と考えることで知られる。

※2子安美知子『ミュンヘンの中学生』朝日新聞社、参照。

子どものケガ

幼稚園や保育園の先生に聞くと、最近園として気をつけていることの一つに子どものケガがあるといいます。昔の子どもよりもケガが多くなっているというのです。

親の中には園で子どもがケガをすると、保育する側の監督不行き届きだと、園長や保育士に激しく詰め寄る人もいるそうです。なかには告訴も辞さないというような親もいて本当に困ってしまうといいます。

そりゃあ、親の側からすれば、かわいいわが子が園でケガをしたとなると、ふだんからもっとひどい目にあっているんじゃないかと、変な想像力も働きます。いじめられているんじゃないか、日頃から乱暴な保育がされているんじゃないか……。

でも、それを強く意識しすぎて、園で先生方が子どもにケガをさせないようにさせないように、なんて神経質になっていると、子どもに大胆な遊びなどいつになってもさせられません。ちょっとしたケガでも親になんて言おうかと考え込んでしまうようでは、ゆとりある気分で保育しようがありません。

埼玉県の北の方にある「さくら・さくらんぼ保育園」を舞台にとった『さくらんぼ坊や』※というビデオがあるのですが、そのはじめのほうに一歳になったばかりくらいの子どもが、すべり台のような階段を一歩一歩下りてくるシーンがあります。何人もの子がみな、後ろ向きに器用に足を踏み外さないで下りてくるのです。子どもはこの時期から親が少し心配になるくらいの大胆な行動をさせたほうが、逆にケガなどしなくなるのだなあと改めて考えさせられるシーンです。

幼い子どもは、自分がまだ十分器用でないと感じているときは、大人が考えるよりもずっと慎重です。子どもは親が考えるほど向こう見ずではないのです。その一方で、子どもはうまく導いてやると、もっと挑戦してみたい、もっと冒険してみたいと自分で自分の可能性を拡大していく本能のような行動を示します。子どもは、親が考えるよりは、ずっと冒険家なのです。

面白いもので、子どもというのはすごい冒険家でありながら、すごく慎重居士なのです。この二つを同時にもっている。いや、冒険家はみな本来慎重居士なのかもしれません。ともかく子どもがケガをしなくなるようにするには、この二つの本能のような気持ちをうまく矛盾なく満たしてやればよいわけです。

北海道の札幌に、男性園長が子どもたちをしょっちゅう付近の山に連れていっているという保育園があります。バスで途中まで行って、みんなできょうはここに登ろうと決めて登るのです。一年に何十ヵ所も登るのだそうですが、あるとき、みんなでかなり急な山に登りました。熊笹につかまりながら必死で登っていくのですが、往きはよいよい帰りは怖いで、帰りがたいへんでした。ちょっとでもすべると、ざぁーと落ちていってしまいます。そのときはさすがにみんな慎重で、リーダー格の子も登場し、支え合って、結局一人もケガをしないで帰ってきたといいます。園長は、こうして自分のもっている能力のぎりぎりをうまく発揮できる体験をすると、子どもは絶対に軽率にケガをしない子に育つ、と確信をもって言っていました。

この園長先生のようなやり方が、子どもにケガをさせなくするコツだと思います。それぞれの年齢、月齢の身体能力のぎりぎりを発揮する楽しい体験を思う存分させてやるのです。もちろん少し離れて親が見ていてやっていいわけです。そこで子どもは器用さや運動神経をどんどん発揮させていきます。器用さや運動神経が発達すればケガをする可能性はずっと減ってきます。

単純な言い方をすれば、子どもにケガをさせないようにしようと思えば、ケガをする一歩手前の体験をいっぱいさせなければダメだということです。温室のようなところで育った子は結局ケガばかりしてかえって損をします。二、三歳くらいからカナヅチや包丁を持たせるような——ただし手に合うものですが——親の大胆さが子どもをたくましく育てるのだと思います。木に登る、原っぱを走り回る、物をつくる——子どもに楽しく、しかし慎重さのいる体験をたくさんさせてやりたいものです。おそらくこれは心を育てるときも同じだと思います。心が「ケガ」をしなくなるようにするためには、ケガの一歩手前のような体験をたくさんするしかないのです。人間というのはそういう動物なのです。

※幼児期の発達の過程を継続的に記録したビデオ。全六巻。発売元／共同映画株式会社。

はじめてのおつかい

三歳前後の子どもをおつかいに行かせて、その様子をカメラで撮影するというテレビ番組がはやっています。子どもはお母さんに言われたとおりの買い物をするために健気に出かけるのですが、たいてい途中で、買わなければならないものを忘れてしまったり、店を間違えたり、せっかく買っても途中で割ってしまったりと失敗の連続です。それでもお母さんは家で待っていなければなりません。なかには暗くなっても帰ってこない子がいたりして、番組を見ている側もハラハラドキドキです。興味深いのは、どの子も分からなくなってもすぐにあきらめて家に帰ったりしないで、なんとか頑張って買って帰ろうとすることです。どうも三歳前後の子どもたちには彼らなりの意地がありそうな気がします。

実は私も、上の娘が三歳のときにおつかいに行かせたことがあります。家の近所の百五十メートルほど離れた八百屋に買い物に行ってもらったのです。店はいつも行っているところですから娘もよく知っています。娘には紙に書いた買い物リストとお金を渡し、それを袋に入れて持っていかせるのです。はじめは心配でしたが、三十分くらいで無事に帰ってきたので喜んだことをよく覚えています。もちろん言われたものをきちんと買って帰りました。

自信がついた娘に、二回目に同じ八百屋に買い物に行かせたときは少々心配しました。なかなか帰ってこないのです。心配して迎えに行こうかと思ったのですが、そんなに遠くではないので必ず帰ってくると信じて待っていました。ところが帰ってこない。三十分以上たっても戻ってこないのです。半分不安な気持ちで迎えに行こうとしたとたん、ピンポーンと家のインターホンが鳴りました。八百屋のおじさんが忙しさなか、わざわざ娘を送ってきてくださったのです。聞くと、娘は帰ろうとしたのだけれど暗くなってきたので怖くなって帰れなくなったのだそうです。それでグズグズしていたとのこと。

それ以降、やはり三歳の子どもにおつかいは少し無理かなと考え、また店のおじさんに迷惑をかけると悪いという思いもあって、おつかいに行かせることはしばらくやめました。娘が平気でおつかいに行けるようになったのは小学校に入ったあとのことだったように覚えています。

みなさんのお宅ではどうですか。三歳前後の時期はいわゆる自我が育ってきて、それまで親にやってもらっていたことを自分でやりたくなることが多くなるものです。靴を自分ではくと言い出したり、階段を手をつながず自分だけで下りようとしてみたり……。こうした時期には育ってきた自我を十分に評価してやることが大切です。つまり子どもに、気のすむまで自分でさせてやるのです。

おつかいに行くことは子どもにとって格好の背伸びのチャンスです。大人の世界に自分も入れる絶好のきっかけなのです。だからいつも行くお店が近所にあれば、子どもにおつかいに行かせることは、決してこの時期の子どもに無理なことを要求していることにはなりません。むしろ成長しつつある自我に、格好の満足の機会を与えることになります。

もちろん、この時期の子どもはおつかいに行く意味が十分に分かって行くわけではありません。子どもの中に育ってきた自我が、「自分にも一人前のことをさせろ」と叫んでいるわけで、その気持ちを自分で満足させることができるので行くのです。だから慣れてきてそれなりの難しさを感じたり失敗してみじめな気持ちを味わったりすると「もう、行かない」などということになります。でもそのとき、せっかく育ってきた自立心だからここで譲ってはならないなどと意気込みますと、かえってまずいことになります。子どもは今度は自信を失ったり、やりたくないことをさせられているという思いを強くもつことになるからです。そういうときは、ほほ笑ましく思って少し引いてやることです。

三歳児におつかいなどというと無茶だと思われるかもしれませんが、必ずしもそうではないと私は思っています。そんな難しいことではなく、隣の家に何かをもたせてやる程度のことをぜひさせてみてください。じょうずに背伸びをさせてやれば、自主性に富んだ子どもに育つ可能性がうんと増えると思うのです。

※日本テレビ系列の人気シリーズ。

読み聞かせの効用

このエッセーを担当していたのは『えくぼ』のOさんというチャーミングな女性ですが、彼女が毎月私のところに送ってくださった手紙（実は原稿の催促ですが）の中に次のような文章がありました。

——あるお母さんが絵本店を訪ねてきて、「うちの子はちっとも絵本をじっと聞いてくれないんです」と嘆いたそうです。その子をよく見ていると、いつも怪獣のおもちゃを手から離さないし家でも怪獣を並べたりして遊んでいるとのこと。絵本店の人はダイナミックに怪獣が出てくる絵本を何冊か出してきて「ガオーッ」ってポップアップを広げてみたそうです。すると、その子の目はとたんに輝き、絵本に近寄ってきたとか……。（中略）お母さんはどうしても昔からのロングセラー絵本を与えたがったり、一～二歳の子どもに、起承転結のあるストーリー絵本をじっくり読み聞かせようとして「うちの子ったら絵本が嫌いなのかしら」って思ったり。絵本を一つの知的教育の一環ととらえて下心をもつことで、かえってその子を絵本嫌いにしてしまうこともある気がします。絵本もおもちゃと同じ。特定の場面だけを何度も楽しんだりすることも、絵本に興味をもち、好きになるきっかけになると思うんですが——。

ウン、ウン、さすがOさんって思いながら読みました。こんな「失敗」、意外とみんなしているのかもしれませんね。

絵本の読み聞かせ、みなさんは毎日していらっしゃいますか。絵本の読み聞かせ運動をしていたリーダー格の人に、「最近はちょっと以前よりも読み聞かせをしている人が減っている気がする」と言われてショックを受けた覚えがあります。これだけ絵本が増え、読み聞かせの大切さが叫ばれているのですから、今ではどのお母さんもしているのだろうと思ったら、とんでもない。前より減っているというのです。

「どうしてですか？」

「ウーン、よく分からないけど、じっくり絵本を読み聞かせるよりも、すぐに知識が身につく図鑑絵本のような本を読んでやったり、文字とか数なんかの方に親の関心が向かっちゃってるからじゃないかしら」

なるほど、そうかもしれません。でもそうだとしたらちょっと悲しいことです。

絵本を読んでもらうことの「効果」の最大のものは、私は何よりもお父さんやお母さんが私を優しく包み込んで読んでくれたという思い出を、子どもたちの中につくっていくことだと思っています。

お母さんのひざの上にちょこんと座っていっしょに大好きな絵本を読む。お母さんにはお母さんの、お父さんにはお父さんの独特の読み方があって、子どもはいつもその独特の読み方を期待している。

「……ネナイコハ、ダレダー!!」

その声を聞くと子どもは身体をよじらせて怖がる、そのときの親と子の心と身体のないまぜになった一体感、えもいわれぬ子どもの至福感。それが読み聞かせのもたらす最大の効果なのです。

今は読み聞かせといいますが、昔はカタリといいました。カタルとは「語る」と書きますが、これは「交る」と書いてもよいものでした。カタルということばは夫婦の交わりをも意味するもので、人々が交わることをさすといわれました。昔のカタリは、語り人が紡ぐことばの一本一本をたぐり寄せながら、子ども大人を問わず人々が一つの物語のテクスチャーになって一体化することを目指して行われたのです。

読み聞かせは、親子の心のつながりを深め、子どもの情緒を安定させるだけではありません。その安心感のうえに子どもの想像力や創造力を高めてくれます。教育的効果はその意味で確かにあるのです。でもそれは狭い「知的」なものであるよりも、もっと広い「心」のものなのです。

作品を選ぶとき、こんなやり方はいかがでしょう。近所の図書館へ行って何冊か子どもに読ませたい、あるいは子どもが読みたがる本をまとめて借りてきます。その中でわが子が家で何度も読んでくれとせがむものだけを本屋さんに注文して買ってやるのです。そうすれば、その中に必ず子どもの好きな本と、いわゆるよい作品が入ってきます。

なにはともあれ、子どもと楽しむことだけを目標にした読み聞かせを、きょうから始めてくださることをお願いします。

お散歩は未知との出会いの場

少しずつ暖かくなってきますと、北国ではまだ雪が残っていても、南のほうでは春の花が次々と咲き出します。木々にも野原にも、道端のちょっとした空間にも、生命がみなぎってくるのが感じられる季節になります。こういうときは四季の変化のある日本に住んでいて得をしたなあという気になります。

さて、みなさんはそうした自然の変化を楽しむために散歩しているでしょうか。私は、どうも日本人は自然に恵まれているのに、その自然を生かして（自然に生かされてという方が正確でしょうが）生活をするということがだんだん苦手になってきているという気がしてなりません。苦手というよりは億劫になっているといった方がよいかもしれませんが。その証拠の一つが、ゆったりとくつろぎながら散歩している人と出会うことが最近ほとんどないということです。みなさんはどうですか。

ある保育園にとても感性の豊かな女の子がいました。ことばや絵で自分の感じたことを表現しようとし、興味があることには何十分でも集中するなど、個性的な感じ方やその表現の仕方がすでに光っていた子です。興味をもった保育士さんは、あるとき、その子のお母さんにどのように育てているのか聞きました。するとそのお母さんは、

「いえ、特別なことは何もしていません。ただ、この子と歩くときは、なるべくこの子の少し後ろから歩くようにしていますけど」

と言ったそうです。

子どもといっしょに歩くとき、私たちはよく子どもの手を持って横に並びながら歩いたり、急いでいる子どもの手を引っぱるように前に出て歩いたりします。でも、このお母さんは違うと言うのです。子どもと手をつながず子どもの少しあとからついていく。そうすると、子どもは道端にある変わった形の石、棒切れ、花、穴、水たまりなど、アレッと思うようなものに気をひかれ、あっちへ行ったりこっちへ行ったりして、好奇心の目を光らせます。

「子どものちょっと後ろをいっしょに歩いていくと、子どもは、へえー、こんなことに興味があるのかしら、というようなことをいっぱいしてくれるでしょう。私はそれを見ているのが楽しくて仕方がないの」

と言うのです。

散歩は子どもにとっては、未知のさまざまなものとの絶好の出会いの場です。私たちが子どもの目の高さに立って子どもにそうした未知との出会いをじょうずに保障すれば、子どもたちは間違いなく探究心、好奇心、自主性、個性などを伸ばしていきます。そして、春ならば、たとえばタンポポの生長を毎日観察したり、その根っこをいっしょに掘ったり、種類がどれほどあるか調べたり、花をてんぷらにして食べたり……というようなことができれば、なおよいでしょう。それだけで十分科学の目が育つのです。私は料理があまり得意ではないから、というお母さんにはぜひこの「散歩理科」をおすすめします。子どもといっしょにテーマを決めて毎日ちょっとずついっしょに観察を深めていくのです。

ただし、散歩のコースは子どもの立場に立って選ばなければなりません。ある保育園で子どもたちが長い距離をだんだん散歩できなくなったということが問題になったことがあります。今まで一キロくらいのコースなら平気で歩けたのに、この頃の子どもは途中でイヤがって歩けなくなったというのです。しかし、よく検討してみたら、散歩コースに住宅展示場ができたり、道路がきれいな舗装道路になったりと、大人本位に環境が急速に変えられていたのです。幼い子どもにとって、そういうところは面白くありません。子どもはどこかに行こうと思って散歩するのではないのです。歩くコースそのものを楽しもうとするのです。

実は、この、ほかの目的のためではなくプロセスそのものを楽しむことこそ、最近の大人がもっともしなくなっていることだという気がします。とすれば、子どもと散歩することは私たちに失われ始めた力を取り戻すチャンスになるはずです。子どもの少し後ろからついていく。そしていっしょに好きな散歩コースをつくりゆったりとした時間を共有する。ぜひきょうから実行を。

第五章　お父さん、育児参加してますか?

父親の育児参加

私はある保健所の主催しているいわゆる「両親学級」の講師をかれこれ十年ぐらいしていました。「母親学級」ではなくて「両親学級」です。お父さんもいっしょでないと参加させてもらえない育児準備のための教室です。

たった十年間ほどですが、その間に興味深い変化がありました。始めた頃（一九八〇年代の前半）は参加するお父さんがそもそも少ししかいませんでした。「両親学級」とは名ばかり、申し込むときだけ二人で、実際に来るのはお母さんだけという人がたくさんいました。

参加しているお父さんに、

「どうして来たのですか？」

と聞くと、たいてい、

「いや、こいつにだまされて来たんです」

と、恥ずかしそうに答えたものでした。

バブル華やかなりし頃は参加希望者がだんだん減ってきて、あるときなど希望者があまりに少なくて、保健所の方が延期しようかと考えたことがあったほどでした。お母さんの希望も減ったのです。お父さんが忙しくて育児に関心をもっている「暇」がなかったのかもしれませんが、希望者が減った理由はいまだに分かりません。

ところがバブル崩壊後、事情は一変しました。希望者が殺到し、毎回断るのに苦労するほどになってきたのです。しかもお父さんが必ず参加し、お母さんだけというケースは一組もなくなってしまいました。説明に対しても熱心に聴いているのはむしろお父さんの方で、「質問はありませんか？」というと、手を挙げるのはたいていお父さんという状況です。保健師さんも、一体どうなっているのかしらと不思議がっています。

みなさんのご家庭ではどうでしょうか。お父さんは育児・家事にどれほど取り組んでいますか。私もバブル以前に比べると確かに日本のお父さんは育児に熱心になってきたように思っています。でもそうしたお父さんは全体から見るとまだ一部にすぎないことも事実です。その証拠に、せっかく育児休業法ができても、実際に育児休業を取った父親の数は数えられるほどで、その割合は一向に増えていません。

現代の育児は昔よりも難しくなっています。その最大の事情は、放っておいても育つという子どもの成育環境がうんと貧しくなってきたことです。昔は、子どもを遊ばせるのにいちいち親が連れ出さねばならないというようなことはありませんでした。家の近所のどこかに子どものたまり場があって、そこに行くとみんなといっしょに遊べたために、親が遊びにわが子を連れ出すなどということはしなくてもよかったのです。それに親はもっと仕事が多くて、子どもにかかわっている時間が今ほどありませんでした。野良仕事に忙しい田舎の若い母親は、子どもにおっぱいを飲ませる時間が一日のうちで一番幸せな時間だったといいます。今の親は家での仕事が減った分、逆に朝から晩まで子どもとかかわっていなくてはなりません。当然そうなれば、子どものやることとなすことが気になります。気になるからすぐ干渉したくなります。子どもが見えてしまうからほかの子と比べたくなります。そのうえ情報が氾濫しています。こうして親のやるべきことが増え、以前に比べてはるかにストレスの強い環境で育児をせざるをえなくなっているのです。

父親の育児への参加が必要な理由は、もっぱらこのことにかかわっています。そういう時代だからこそ「私は一人で育児をしているのではないのだ」という安心感をお母さんに与えなければならないのです。その安心感があるかないかが、お母さんの育児をゆとりあるものにするかどうかを決めます。そしてその安心感を与えるものこそ、お父さんが「私も育児を積極的にやる」と決意し、実際に参加することなのです。

現在の育児ではお父さんの役割はこれこれと限定することはできないと思います。いっしょに育児をするという前向きの姿勢が育児環境をよくするのです。このことは私の著書『父子手帖　お父さんになるあなたへ』（共著、大月書店）でもっとも強調したことです。

父親にとっても「育児は育自」

父親が積極的に育児に参加することには、どのような意味があるかを具体的に考えてみましょう。

通常、父親の育児参加は、母親の育児を手伝うためのものだと理解されることが多いようです。育児参加といわないで育児に協力するというような言い方がよくされるのも、そのためでしょう。

父親が育児に参加するのは母親の育児負担を少しでも減らすためというのは、先に述べたように大切な意味づけに違いありません。しかし、これはやはり一つの意味づけにすぎません。父親の育児参加には、それ以外に（母親のためということ以外に）父親自身のためということ、および、子どものためということなど、いくつもの意味があります。

父親自身のためということは、父親自身の育児への要求を満たすということと、育児が父親自身の人間的成長を促すという二つの側面があります。

具体的にいうとたとえば次のようなことです。かつてイギリスでこんなできごとがありました。ある夫婦に子どもが生まれました。その父親は自分も母親と同じように子どもにかかわり、親としての喜びを妻と平等に体験したいと考えました。それでおむつを取り替えたり、あやしたり、子守歌を歌って寝かしつけたりと妻と同じように育児をあれこれ行ったのですが、どうしても自分にはできず、妻にしかできないことがありました。それは自分の乳房から子どもにおっぱいをやることです。自分の乳房からわが子におっぱいを与えるときの親の充足感には格別のものがある。親の幸せを何よりも感じさせてくれる営みだ。それを妻はできるのに自分はできない。これはたいへん不公平で不合理だ、と彼は考えたのです。そこで彼は条件を対等にするために、自分の妻に授乳をやめるように要求したのです。妻は当然そんな要求はのめません。しかし、夫はがんとして譲らずにとうとう自分の妻を告訴して裁判で決着をつけようとしたというのです。

変わり者といえば変わり者ですが、しかしこの話には父親のある種の悲哀が漂っています。子どもの育児にかかわり、子どもがにっこり笑い返してくれたり、ヨチヨチ歩きで自分のひざの上に座ってきたりなどということを体験することは父親としてこのうえない喜びを感じさせてくれるものです。しかも夜泣きがひどい子であったり、病弱の子だったりしたときに、それを妻といっしょに乗りきれば、一人の人間の育ちを支えたのだという、父親になる以外には絶対に味わえない充実感を得ることもできます。先のイギリス人男性が対等な育児にこだわったのは、育児というのは決して子どもや妻のためだけにするものではなく、自分のため、自分の喜びや充実感のためにするものだという気持ちが強くあったからだと思われます。それを妻だけに独占されるのはおかしいと考えたのでしょう。しかし、にもかかわらず、父親はついに母親と対等にはなれないのだと感じとったとき、彼にはそれが論理的に納得できず許せなかったのです。男とはその意味で悲しい存在かもしれません。いくら頑張っても母親には何かかなわないものがあります。

しかしだからといって、男にとっては育児はほどほどでいいのだ、父親の出番は子どもが大きくなってからだ、ということになるでしょうか。私はならないと思います。子どもが幼い頃こそ、一生懸命に子どもにかかわることによって、子どもとの間に切っても切れない心の絆を、父親もまたつくることができるからです。子どもとの心の絆ができると父親も自分は一人で生きているのではないという精神的基盤を築き

上げることができます。自分の心の深くに子どもがすみつくようになり、子どもの成長を子ども自身と同じように喜ぶ装置ができてくるのです。それは父親という人間を、より共感能力のある思いやり豊かな人間に育てます。

子どもには父親に育てられる権利があります。だから、子どもの立場からも父親は育児参加してほしいと思うのですが、その前に、「育児は育自でもある」ことを父親はまず体験するべきだと思うのです。

父親が子どもに残すもの

「チー、チー、チータカタ、チータカタッタ、ッタッタ……チー、チー、チータカタ、チータカタッタ、ッタッタ……」

これは何だと思いますか？　これは実は私が小さなわが子と遊んだときのかけ声なのです。私は足を少し開いて立ち、子どもの小さな足を私の足の甲の上に一足ずつ乗せて立たせます。私と子どもは向き合った状態で、子どもは私の足にしがみつくようにしてスタートです。

子どもの足は私の足の上に乗っていますから、かけ声といっしょに私が動くとそれにつられて動くのですが、私が不規則な動きをすると、子どもは私の足から落ちてしまいます。そうならないために必死に私の足にしがみつくのです。しがみつきながら私が次にどちらのほうに足を動かすのか、懸命に予測しようとします。予測が当たっていると落ちなくてすみ、長い時間しがみついていることができて、うれしいのです。

私はなんとか子どもの予測を裏切ってやろうと変則的な動きをします。ふつう人間は片足ずつ交互に足を動かしますが、この遊びのときは二歩続けて同じ足を動かしたりします。それでも落っこちないでついてくるようだと、三歩、四歩続けて同じ足を動かしたりします。動く方向も同じとは限りません。横へ動いたり、後ろへ動いたりアットランダムです。そうなると子どもはもっと面白がってますますしっかりしがみつきながら、私と同じように足を動かそうとしてきます。

これを声をかけずに黙ってやると、子どもはすぐに落っこちてしまいます。そこで生まれたのが、かの、「チー、チー、チータカタ、チータカタッタ、ッタッタ」だったのです。このかけ声に合わせてやると子どもはリズムよく私と呼吸を合わせながら、かなり長い時間落っこちないでやれるようになってきます。そのうち私が同じ足ばかり動かして足をどんどん開いていくと、子どもはこれ以上股が開かなくなって降参してしまいます。すると、「もっとチータカタやって」とくるのです。

わが家の子どもたちは三人ともこのチータカタが大好きでした。かなり大きくなって小学校の中学年になってもときどき思い出したように「チータカタまたやって」と甘えてきたものでした。親子のスキンシップにいいし、適度に緊張感もあるし、子どもにとって、とっても楽しい遊びだったのでしょう。

みなさんのご家庭でも、こうしたお父さんならではの遊びを一つ二つ編み出してみてはいかがでしょうか。もちろんこの「チータカタ」はおすすめです。子どもたちは、お父さんとのこうしたかかわりを待っています。

ところで私にとって興味深かったのは、このような遊びをどこで思いついたのかということです。途中で気がついたのですが、実はこの遊び、どうも私が幼い頃、私の父親がしてくれたもののような気がするのです。そして、あのかけ声「チー、チー、チータカタ、チータカタッタ、ッタッタ」も、実は当時の父親のかけ声ではなかったかと思うのです。本当にそうだったのかどうか、今では父も生存していませんから確かめようがありません。でもきっとそうだったのだと思います。そう確信させる何かが私の身体の記憶にかすかに残っている気がするのです。

もしそうだとすると、私の三人の子どもたちも、親になったらまたその子どもたちにチータカタとやってくれるかもしれないということになります。面白いものです。世のお父さんも、一つ二つそうした形で自分の子どもに何かを残してあげてはどうでしょうか。お金を残すよりも家を残すよりも、その方がうんと大事だという気がするのです。

父親の威厳

みなさんは、電車の中で座席が一つあいていたら子どもを座らせますか。それとも大人（親）が座り、子どもは立たせますか。

こんなシーンがありました。電車に乗っていたら、ある駅で孫を連れたおばあさんが乗ってきました。座って本を読んでいた私の前に孫の手を引いたそのおばあさんが来たので、私は、

「次の駅で降りますから」

と言って席を譲りました。すると、おばあさんは軽く会釈をして、

「ありがとうございます」

と言いながら何と孫のほうを座らせたのです。私は瞬間、エッと思ったのですが、おばあさんは平気で立っていました。

また別のシーンです。やはり、電車に乗って座って本を読んでいたところに、ある駅で親子四人連れが乗ってきました。あいにく満席で、その四人は私の前に立ちまし

た。父親は二歳前と思われる男の子を片手に抱き、もう片方の手で吊り革につかまっていました。母親の横には四歳くらいの女の子がつかまりながら立っています。

次の駅で私の隣の人が立ったので一人分だけ席があきました。私はお父さんとお母さんのどちらが座るのかを興味深く見ていたのですが、なんとそのお父さんは四歳の女の子を一人で座らせたのです。お父さんもお母さんも立ったまま、お父さんは下の子を抱いたままです。ウーンとこのときも考えざるをえませんでした。

私は自分の子を電車に乗せて連れていくときには、原則として子どもを座らせませんでした。一つしか席があいていないときは当然親である私が座り、子どもは私の前に立たせるか扉のところのつかまりやすいものにつかまらせて立たせていました。

席ががらにあいているときにも、子どもにはできるだけ立っているように言いました。「子どもは席には座らないものなのだ」ということで、いつも立たせてきたのです。

なぜかというと、私は、幼い頃というのは子どもの身体を鍛えるのが基本だと考えてきたからです。電車は動き始めるときや停まるとき加速度がかかります。じっと立っているのはたいへんです。そういうときに足をぐっとふんばって倒れないように頑張れば、脚や腰の筋肉とバランスをとる筋力が育っていくはずです。もちろんそのようなことにまだ耐えられない一歳児は例外です。しかし、二歳になり、かなりしっかりと立てるようになれば様子を見ながら少しずつ立たせるようにした方がよいと思うのです。

私が電車を身体を鍛える場だと考えるようになったのは、かつてのプロ野球の名投手杉下茂氏が、

「私は足腰を鍛えるために電車ではいつもかかとを浮かせて立っている」

と話しているのを聞いてからでした。なるほどと思い、それから自分の子どもにそれを要求してきたのです。私自身も、もう少し歳をとれば立つようにするかもしれません。

そのように考えていたものですから、前述の二つの例は私にはかなり意外な感じを与えました。どうして子どもをそんなに甘やかすのだろうというのが率直な感想です。子どもは鍛えてやらねばならない存在のはずです。少し疲れても子どもはすぐに回復します。

父親というのはこういうときに威厳をもって、

「子どもは立っていなさい」

と言える存在でなければならないと思います。子どもが、

「イヤ。座る」

と言っても、

「ダメです。立っていなさい」

と強く言える存在であってほしいのです。そのためには、ふだん子どもとよい関係をつくっておく必要があります。しかし、いざというときには厳しい――父親はそうした存在でなければならないのではないでしょうか。

ちなみに私の子どもたちは、おかげで身体だけは丈夫で運動も大好きに育っています。運動会では下の二人はともにリレーのアンカーを務めました。

子どもに叩かれる先生

ある幼稚園の男性の先生のお話。

幼稚園や保育園の男性保育士は二つのタイプに分けられるのだそうです。一つは小さな子どもたちがその男の先生の周りに集まってきたりまとわりついてきたりしたときに、男の子たちがその男の先生をゲンコツで叩いたりぶったりするようなタイプの先生です。ぶたれる先生はどこへ行っても小さな男の子（もちろん女の子の場合もあります）たちに叩かれたりぶたれたりするそうです。それに対して、どこに行っても男の子たちから叩かれもぶたれもしない先生もいるといいます。この場合はほぼ例外なく、その先生は一貫して子どもたちからゲンコツの洗礼を受けることはないとのことです。

子どもたちはもちろん、半分ふざけて叩いたりぶったりしているのですが、女の先生にはほとんどすることがありません。相手が男の先生だと、この先生は叩いてもよい先生かどうか直観的に判断して区別し、叩いてもよいと判断した先生はぽんぽん叩くのです。

どうしてでしょうか。

以前、NHKで、子どもにとってお父さんとお母さんがどう異なるかを考える番組がありました。その内容によりますと、赤ちゃんは生後二、三ヵ月からもうすでにお父さんに期待するものとお母さんに期待するものを区別しているといいます。お母さんには、おなかが減ったからおっぱいを飲ませて、眠いから眠らせて、怖いから安心させて……などなど、心身が何らかの理由で興奮しているときにそれを静めて落ち着かせてほしい、安心させ甘えさせてほしいというような欲求を示すことが多いようです。それに対してお父さんにはちょうど反対で、じっとしていてつまらないからもっと働きかけて、抱き上げて高い高いして、外へ連れていって自動車見せて……などなど、心身をもっと興奮状態にしてほしい、もっと遊ばせてほしいという要求をよく示します。お母さんには抑制的働きかけを、お父さんには興奮的働きかけを期待しているといったらよいでしょうか。

もちろん、抑制的働きかけをすべてお母さんに期待し、興奮的働きかけをすべてお父さんに期待しているわけではないと思います。そうではなく、子どもは幼い頃から大人に対して二種類の働きかけを期待しているということであり、そのうちのある働きかけのタイプをより多くお母さんに期待し、別のタイプの働きかけをより多くお父さんに期待しているということだと思います。おそらく子どもは、この二つの働きかけのバランスよい積み重ねの中で自我を健全に発達させるのでしょう。先の男性保育士の一つのタイプの人に、子どもたちがすぐにぶちにいくというのは、おそらく子どもたちはこの先生はぼくらを興奮させてくれる（ダイナミックに遊ばせてくれる）先生だ、しかもちょっとしたいたずらで怒ることのない先生だと判断して、そのための働きかけを「叩く」という行為で示し、いわば挑発しているのだと考えられます。挑発しても大丈夫、きっとのってくれる、そのような先生に対して、ぶつ、叩くという洗礼を行うのです。

　ということは、叩かれない先生はどちらかというと女性タイプの印象を与えるか、かしこまって怖い印象を与えるかのどちらかでしょう。どちらにしても、新しいタイプの刺激をほしがっている子どもたちにとっては少々つまらないかもしれません。

　家庭で父親が実質的に不在であり、園でも女性の先生しかいないような状況は、その意味で、子どもにとっては欲求不満をつくり出しがちです。そういうものだと思い込むと子どものわんぱくさが育ちません。おとなしい子どもばかりでは世の中つまらなくなります。やはり、わんぱくな子を育てるために、もう少し子どもたちが叩いたりぶったりしたくなる大人が登場しなくてはと思うのです。

父親と家庭経営

昔のお父さんと今のお父さん、どこがもっとも違っているでしょうか。子どものこと、育児の具体的なことをちょっと離れて、こんなことを考えてみましょう。

ある日、ある保育士さんの生い立ちを聞く機会がありました。彼女は戦前タイプの父親に育てられた人で、戦中生まれです。

彼女のお父さんは地主で、家庭の経営にとても熱心でした。娘に対しても女だからといって差別せず、できたら大学まで出そうとしていました。姉妹のそれぞれの得意不得意を見抜き、いつもその視点からアドバイスしていたといいます。養蚕もしていたので、養蚕技術の開発のために自分も熱心に勉強していました。戦後、土地改革で多くの土地を失ったあとも、必死に働いて、土地を買い戻していたそうです。先祖から受け継いだ土地を失いたくないということだったのでしょう。

そのお父さんが生前いつも言っていたことが、

「今の家庭には昔のように家庭教育がない。もっと家庭教育をしっかりしなければダメだ」

というのだということなのです。その気持ち、分かる気がします。

戦前は家父長制といって、父親に権限が集中する社会制度が強く存在していました。子どもや女性は今よりずっと無権利で差別されていました。けれども、そういう中でも、父親としてしっかりしなければならないという気持ちをもって家庭の経営にまじめに、しっかりあたっていた父親もたくさんいたのです。

戦後は家父長制は解体されましたが、このことが逆に父親の社会的・家庭的責任とは何かということも、あいまいにしてしまった気がします。

家政学という学問があります。これは最初、男の学問でした。封建領主が領地内の経済や教育などの一切をとりしきるための学問だったのです。家庭経営学といってもよいでしょう。

家庭というのはそれなりに経営されないとうまく運営できないものです。

子どもが幼い頃は幼い頃で、親が的確に判断しなければならない課題がいっぱいあります。子どもの性格を見抜いてうまく伸ばしていくのも、期待を示しすぎて無理をさせないようにするのも親の役割です。習い事をさせるか否か、習わせるとするとどんな先生につかせるか、自然の豊かな環境にどう連れ出すか、生き物を飼うような体験をさせるべきか、幼稚園や保育園をどう選ぶか、自分たちの育児がうまくいっているか否かをどう判断するかなどなど、考えれば親が判断し配慮しなければならないことは無数にあります。それを家庭の豊かさを実現する方向で解決していき、それぞれがやる気をもてるように励ましていく、それが家庭経営です。

昔の父親はそうした家庭経営の先頭に立ち、それを具体的に遂行しながら父親の役割を果たすことが期待されていました。その意味ではプレッシャーも強かったでしょう。戦後はそういう法的責務が父親にはなくなりましたが、今度は母親にその実質的役割が押しつけられるようになりました。「子どもの教育はお母さんの責任です」――こういう言い方がいつの間にか当たり前になっていったのです。

しかし、そんなこと、お母さんだけでできるでしょうか。もちろんお父さんだけでもできません。二人で考え考え、乗り越え続けるしかないと思うのです。

これまでは、家庭教育という言い方や父親の社会的責任という言い方が一般的でした。しかし、こういう言い方は教育や父親だけをほかと切り離して問題にする言い方のような気がします。本当は父親にしても教育にしても、家庭全体をどういうふうに経営するかということと切り離しては考えられないのです。

ですから、これからは、

「子育てをどうしていますか」

という言い方をするよりは、

「家庭をどう経営していますか」

という言い方にした方がよいと思うのです。そして、世のお父さんには、どんな家庭をつくっていくのか、つまり家庭経営を妻と責任をもって考え、実践していきませんかと呼びかけたいと思います。

私自身、子どもが少しずつ成長していくに応じて、親としてどう振る舞うか、子どもにどこまで任せるか、どのような家庭の雰囲気をつくり上げるかなどということを何度も考え直させられてきました。でもそれが父親というものの意味を私に実感させてくれている気がするのです。そしてそれは、子どもが赤ちゃんのときから始めたからできているという気がします。父親の家庭参加の大切なゆえんです。

第六章　自主性のある子に育てたい

自分で選ぶ力

以前ある幼稚園で、一人の男の子がブランコの順番を守らなくてトラブルを起こしていた場面に出会いました。自分ばかり乗りたがり、気の弱い子が乗せてもらえないのです。どうしたものかと見ていたら、ベテランの先生が出てきてあっという間に解決してしまいました。

「あらあら、Aちゃんはブランコ好きなのね。ずっと乗っていたいのね。でもね、それじゃあほかの子は乗れないわよね。どうしたらいい？」

「…………」

「分かんない？　あのね、みんな十回こいだら交代ってしない。みんなでイーチ、ニーイ、サーンって数えてあげるんだよ。いい？　じゃあ、誰からいく？　Aちゃんからいく？　みんないいの？　じゃあ、それ、イーチ、ニーイ、サーン……」

なあるほど、見ていて感心してしまいました。Aちゃんも納得しているし、待っている子もこいでいる子に大きな声をかけてやっていて、待たされている感じではありませんでした。

先ほどの先生の言い方にもう一度注目してほしいのですが、特徴は二つあります。一つは、子どもに先生の考えを押しつけないで、たえず子どもの考えを聞きながらことを進めている点です。「どうする?」「それでいいの?」などと、必ず子どもに判断させるようにしています。

もう一つは、子どもの気持ちをくみ取って、どんな子にも決して頭ごなしに批判しないことです。頭ごなしの批判は、相手が何歳であっても自分の気持ちを無視されたと、投げやりな気分にさせてしまうものです。自分はダメな子だと思わせてしまうこともあります。でも、この先生は決してそういう言い方をしないのです。

たとえわがままに思えても、それが子どもの本当の気持ちであれば、それにまず共感し、子どもの気持ちをもう一度ことばで確認します。それから「でもねえ……」と、それがそのまま通るわけではないことを示します。いったん共感してもらっているから、子どもは素直に聞こうとします。そのあと「じゃあ、どうすればいいの?」と子どもに聞くのです。子どもに考えさせるように配慮しているといってもいいでしょう。子どもが考えを言えない年齢の場合は、これだったら気持ちを無視された行動にはならないだろうという行動を示唆します。そういうことがさりげなくできてしまう先生なのです。

しつけというのは社会の決まりや教えを守らせたり、歯磨きなどを自分でさせたりすることではないと思います。そういうことを自分の判断でできるようになるために、子どもの気持ちを大切にしたうえで、自分で考えようという状況をうまくつくってやることなのです。それが結果として、自分の意思で社会の期待に沿った行動ができるようになることにつながります。要するに、子どもにもっと自分で判断する力をつけてやるということです。

こういうことが可能になるためには、今述べた幼稚園の先生のように、子どもに自分の責任で判断し、自分で行動を選ぶということを幼い頃から訓練してやらねばなりません。しかし、日本の子どもは、この自分で考え、自分で選ぶということがどうも苦手なようなのです。

精神科医の大平健氏が、あるところで次のようなことを言っていました。

最近、来診する患者の中に中学・高校生が増えている。診療を求めるというよりも相談のようなことが多い。たとえば進学する高校を自分で選べなくて、

「先生はどの高校がいいと思う？」

と聞いてくる。そういうとき、もの分かりのよい母親なら、

「自分で決めたら」

と言うのだが、大平氏はそうは言わない。相手がA高校を選びたがっていると思えば逆に、

「B高校がいいと思うな」

と言ってやる。

「どうして？」

「どうしてもここがいいと思うよ」

などと適当に言う。患者は、

「そうかな」

と迷う。次に来たときに、

「先生、やっぱりA高校にするよ」

と言うと、

「そうか、先生もあれからよく考えたけどA高校がいいと思うよ」

と後押しする……。

要するに、子どもは自分で選ぶことに対する大きな不安をもっているので、選べるように舞台を設定してやるということなのです。子ども・若者のこうした不安を〈選択不安症候群〉というとすると、それは幼い頃から自分で判断し、自分で〈失敗してもいいから〉選ぶということを、ていねいに保障されてこなかったことの反映だと思います。その場しのぎのしつけをするのではなく、子どもが自分で選べる舞台を小さい頃からきちんとつくっていかなければならない時代に入ったといえるのではないでしょうか。

「自信」、育てていますか？

元スキー選手の荻原さんってご存じでしょう。そう、一九九二年のアルベールビル冬季オリンピック複合団体競技で見事に優勝した日本チームのアンカーを務めたあの荻原選手です。日の丸を振りながらゴールした姿を今でも覚えている人は多いでしょう。

その荻原選手がその年から翌年にかけて行われたスキーのワールド・カップ大会で、またまた世界一になったことはご存じでしょうか。全部で世界選手権も含めて十三の大会を行い、その総合点で争うのですが、荻原選手はそのうちの十一戦に優勝し、二位、三位がそれぞれ一回ずつというぶっちぎりの成績で世界ナンバーワンになったのです。

複合競技というのは、ジャンプと距離という全く異なる能力を必要とする二つの競技を行いその総合点を競うもので、北欧ではスキー競技の王様といわれているものです。ジャンプは高い台からすべりおりて空中に飛び出し、どれだけの長さを飛んだかを争う競技、距離はスキーのいわばマラソンです。この難しい競技で世界一になったのですから、ぼくなどが改めていうまでもなくたいしたものなのです。

ところで不思議なのは、日本選手はふつう国際的な大舞台には弱いといわれているのに、どうして荻原選手は見事に世界一になれたのかということです。正確なことは分かりませんが、どうも荻原選手はこれまでの日本のスポーツ選手とは異なるパーソナリティーの持ち主のようなのです。日本のスポーツ選手はたとえばプロ・ゴルフを見れば分かるように、メンタルな強さを必要とする競技には弱いのですね。日本で活躍するジャンボ尾崎にしても誰にしても、欧米のトーナメントに出るとめったに十位以内に入ることができません。本当にどうしてかと思ってしまいます。

おそらくジャンプ競技のような、一発勝負で、風が吹くか吹かないかという偶然の要因にも左右される競技の場合、選手は自分の番がまわってくるまでたいへん緊張するでしょう。飛んでるときだってそうです。そこでみんな「失敗しないように」「踏み切りでうまく力を入れられるように」などと必死で考えます。しかしそんなことを考えれば考えるほど、身体に余分な力が入ってしまいます。せっぱ詰まった思いがあるからです。ところが荻原選手はそういうふうには考えないといいます。彼はいつも自分の一番いいジャンプを頭に思い浮かべ、「うまくいくに決まっている」と思って飛び出すんだそうです。だからあまり緊張しないといいます。フームなるほど、と思われるのではないでしょうか。彼の強さはそんなことができる精神の強さ（図太さ）に秘訣があるようなのです。

実はここには子どもを育てるときの、たいへん大事なテーマが隠されています。子どもは特に二歳から四歳の頃に自我を肥らせていきますが、その中で自分という人間についての漠然としたイメージもつくっていきます。専門的にはこれをセルフ・イメージといいますが、このセルフ・イメージのつくり方が精神の強さとたいへん関係が深いのです。

自分がどんな人間かということを知るには自分の行動に対する周りの人間の反応や評価を感じとるしかありません。他者、特に信頼している人間の自分に対する評価を内面化したものがその子のセルフ・イメージになっていくわけです。もしわが子に、〈自分はひとかどの人間だ〉〈自分で自分が肯定できる人間だ〉と思ってほしければ、その子にはたえずその子を肯定しているというメッセージを届け続けなければなりません。逆に「どうしてそんなにあなたはグズなの」「そんなことしたらダメと言ったでしょう」というような調子のことばをかけ続けますと、子どもは心のどこかで自分はダメな人間なのだと思い、そういうセルフ・イメージをもってしまいます。命令調のことば、禁止調のことばが多いとその子に「自分は否定されている」というメッセージが届いてしまうのです。

セルフ・イメージが十分に肯定的ですと、自分はひとかどの人間だと自我の深いところで感じられますから、大きくなって困難と出会っても、それを乗り越える自信が備わります。しかし、これが否定的ですと、自分は失敗するのではないか、ダメではないかと思いやすくなりますので、困難に出会ったときに自分の力を出しきることは難しくなります。そういう人間にジャンプ競技で自分は飛べるんだと思えと言っても、それがなかなかできないのです。

自信というよりも自信をつくるもとにある自我を育てることの大切さ。荻原選手はそのことを私たちに問いかけてくれているように思います。

自主性のある子をどう育てるか

以前、あるピアノの先生に、

「どういうタイプの子が伸びやすいですか」

と聞いたことがあります。先生いわく、

「そうですね。たとえばピアノの前に座らせて、〈これがドの音よ〉と教えるでしょう。そうすると自分から〈じゃ、これがレ？〉などと聞いてくるような子がいるでしょう。こういう子は伸びるんじゃないかしら」

ナルホド！

わが子の場合、そもそも恥ずかしがってこんなことをピアノの先生に言いそうにないなと思いましたが、それはともかく、この先生の言っていることは、要するに自主性のある子が伸びやすいということなのだと思います。

自主性。ひょっとしたら人間のもっているさまざまな属性の中で、もっとも大事なものかもしれません。

教育の世界でこれまで、学校で育てるべき道徳性の中で一番大事なのは何かをめぐって長く議論が行われてきました。それに対して、現代ではそれは「自主性」だという意見が有力です。民主主義の社会では何をするにも、人に言われたからとか、世間体が悪いからなどではなく、自分で正しいとか必要だと思ったから主張し行動する、というようにしなければ、そもそも民主主義なんて成り立たないと考えられるからです。この考え方に立つと、いじめを見て見ぬふりをすることは、たいへん非道徳的だということになります。

小さな子どもを見ていても、たとえば幼稚園で先生にいちいち、

「先生、おしっこしてきていい？」

「先生、外で遊んできていい？」

などと聞きにくる子がいる反面、そんなことはどんどん自分で判断して自分で行動する子もいます。後者のような子が自主性のある子というわけです。砂場で遊んでいると、何時間でもあれこれ工夫して遊んでいる、幼稚園で面白い遊びを教えてもらうと家で言われないのに自分で工夫して再現している、自分がよいと思ったことはお母さんが何と言おうと簡単には引かない……。

でも最近、前者のような子が増えているので気になる、という保育関係者が多くなっていて心配です。やはり私たちにとっても、自主性のある子をどう育てるかということが大事なテーマになってきているのです。

では、自主性はどうしたら育てられるのでしょうか。

これには当然ですが、方程式の答えのような解答はありません。

自主性には実は二つの構成要素があります。一つは自発性です。何かに興味をもって、思わず身体が動いたり反応してしまうという生理的な反応感度のよさです。もう一つは、その興味をもって行動したくなった自分を知的にコントロールするということです。

先の例でいいますと、幼稚園で、人に言われたわけではなく、自分で外で遊びたくて仕方なくなったとします。そのように〈自分で興味がわいて仕方がない〉というのが自主性の要件ですが、しかし「外で遊んでよい」かどうかは、そのときの状況、天候などによって異なります。そういうときに「外で遊びたいけれども今は静かに先生の話を聞いているときだから我慢しよう」とか「今はたいしたことをやっていないから外で遊んじゃえ」などと、知的見通しをもってその興味・関心を処理できる、ということが自主性の要件なのです。

自主性を身につけるには、自主的な行動をいっぱいさせることがもっとも大事な方法になります。子どもにあれこれ指示しすぎず、子どもの興味や関心を大事にし、また子どもの意見をじょうずに表現させて、常に行動を自分で選んでいるという満足感を与え続けるわけです。

これまでの研究では、ごく幼いうちは十分に甘えさせてやることが、自主性を身につける大事な条件になるということが分かっています。幼いうちから親が厳しくしますと、子どもは親の顔色をうかがうようになり、自主的な判断力が育たないのです。甘えを十分体験させてやったあと、二歳になる頃から少しずつ子どもにいろいろなことを自分でやるように励ましていきます。失敗しても時間をかけてじっくり取り組ませ、子どもの自負心を満足させてやるのです。ここで親の心のゆとりが大事になります。こうして甘えからゆっくり自立へと向かわせること、これが自主性を育てる秘訣だというのです。ひとことでいいますと、〈甘えから自立へ！〉ということです。

失敗を遠くから見守れる親の子どもへの信頼感と心のゆとり、これが自主性を育てる条件ということでしょうか。

第七章　どうほめる？　どう叱る？

子どもの態度に影響を与える親のことば

大人のなにげないことばが子どもの心の成長にどう影響するか考えてみましょう。

ある本に、こんなシーンがのっていました。

動物園で子どもと母親が、ある檻《おり》の前で動物に見入っています。そこへ掃除のおばさんが檻の前を掃除にきました。お母さんは当然、掃除のおばさんの邪魔にならないようにしなければいけないわけですが、そういうときのお母さんの子どもへの話し方には二種類あるというのです。

A「お掃除の邪魔になるから、こちらへいらっしゃい」

B「ゴミがついて汚れるから、あっちへ行きましょう」

よく見かけるシーンだと思いますが、Aの対応とBの対応は、本質的にどこが違うのでしょうか。ちょっとした違いなのですが、こういう違いの積み重ねが、子どもの性格や感受性に大きな違いを生み出していくように思うのです。

同じような場面をたとえば電車の中でも見かけます。子どもが靴をはいたまま座席に後ろ向きに座り、窓から外を見ようとしています。そういうときのお母さんの注意の仕方に、やはり二種類あるのです。

a「そんなことしたら座席を汚してしまうでしょう。靴を脱ぎなさい」

b「靴を脱がないと車掌さんに叱られるわよ」

ここでもちょっとした違いなのですが、お母さんによっては、いろいろな場面でいつもAやaのような言葉を発する人と、逆にいつもBやbのような言い方をする人がいるようです。AやaとBとbとの違いは何でしょうか。

Aとaはどちらも子どもに対して、〈あなたがしていることには、あなた自身が一定の責任をとらなければダメよ〉というメッセージを送っています。ほかの誰でもない、あなた自身に責任が生じているのだから、それをわきまえて行動しなさい、というメッセージです。

それに対してBとbは、子どもと自分をあたかも被害者のように見立て上げ、〈もっとうまく立ち回らないと損をするわよ〉というメッセージを送り届けています。責任はあなたにあるということを明確にするのではなくて、他人からあれやこれや言われて面倒なことにならないようにしなさい、というメッセージを届けているのです。

お母さんが恥をかくようなことはやめてちょうだい、ということを言いたいのかもしれません。

そう考えますと、Aやaの言い方は、子どもに社会的な責任感というものを育てていくということになるでしょう。〈自分がしっかりしなくては他人に迷惑をかけることになるのだ〉という感覚です。それに対してBやbの言い方は〈トラブルがあってもうまく言い逃れたり、ごまかせばよいのだ〉という感覚を育ててしまうことになります。自分の責任をあいまいにする態度を身につけさせてしまう可能性があるわけです。

私たちは子どもたちに思いやりのある子に育ってほしいとか、人に迷惑をかけない子に育ってほしいとか願いますが、そのためにどう育てていけばよいのか、はっきりしたものをもっているわけではありません。でもせっかくそう願っていても、ふだん子どもにBやbのような言い方をしていれば、子どもには逆のものが育ってしまう可能性があるということを考える必要があります。

子どものことばや態度がどう育っていくかということを決定するもっとも大きな要因は、わたしたち親のことばや態度です。子どもにしっかりとした判断力と責任感をもってほしいと思えば、子どもが幼い頃から、自分に責任があることは自分で処理しなさいということをなにげなく伝え、その訓練をすることが一番大事なのだと思います。

子どもに届くメッセージ

いやみなことを言われたことはよく覚えているけれど、何を言われたかは忘れてしまったというような経験はありませんか。叱られたことは覚えているけれど、叱られた内容は忘れてしまったというようなことも同じです。

私は、これはとても興味深いことだと思っています。そして、だからこそ私たち親も、子どもと話をするときにはやはり気をつけなければいけないと思うのです。

たとえば、自分の子どもが何かを忘れていたことに気がついて「あら、忘れちゃったの？」と子どもに言ったとします。そのとき、子どもにはお母さんからどのようなメッセージが送られることになるでしょうか。

ふつうに考えれば、①「あなたは忘れたのですか？」という文字どおり「疑問」のメッセージが送られたということになるでしょう。それはそのとおりなのですが、実際にはそれ以上にいくつかのメッセージが届けられるのです。お母さんの顔つき、身振り、声の高さ、話し方の調子などしだいでは、②「どうして忘れちゃったの？　あれほど言ったのに！」というような叱責のメッセージ（お母さんは叱っている）が伝わります。話し方によって、強い叱責、怒りなどのメッセージも届きます。これらは、文字どおりのメッセージの奥に隠されたメッセージ※（メタ・メッセージ）といえるでしょう。

　さらに、場合によっては子どもには、③「お母さんはぼくをダメな人間と思っている」というような人物の評価のメッセージも届くかもしれません。「頑張れ、頑張れ」と言われ続けている子どもは、「ぼくは頑張りきれていないと思われているんだ。ぼくはダメだと思われているんだ」と感じるかもしれないのと同じです。これは②のメッセージのさらにもう一つ上のレベルで隠されたメッセージ（メタ・メタ・メッセージ）ともいえるものです。

　つまり、ことばでコミュニケートするときにはしゃべり方しだいで三重のメッセージが送られるのです。そして、そのうち心に残るのはどのレベルかというと、実は①ではなくて②であり、さらに③は知らず知らずのうちに子どもの性格形成に影響を与えてしまう可能性があるのです。それで、いやみを言われて、言われた内容は忘れても、バカにされたという②のレベルは記憶に残っているのです。ぼくはダメだと思われているのだという③のレベルがひそかに自我形成に影響する可能性もあります。

これは、どのようなコミュニケーションにおいても避けられないことです。私たちは、何らかの程度で、子どもたちに感情を伝え（②のレベル）、人物を評価（③のレベル）し、コミュニケートしているわけです。だから、できるだけほめて育てましょうという主張があります。しかし、的確なほめ方を節度をもってすればよいのですが、何でもかんでもほめると、子どもには「お母さんは私にそうせよと期待しているのだ」「私はまだ任されていないのだ。信頼されていないのだ」というようなメッセージが届きますから、効果は叱るのとあまり変わりません。

そう思うと、私たちのふだんのしゃべり方も、少し気をつけようという気になります。親子というのは遠慮のない関係ですから、つい②や③のレベルをぶつけがちですが、そこまで細かに評価されると子どもはたまったものではありません。さしあたり、あまりことばで言う必要のないことは言わない、言うのなら子どもを直接評価することばよりも自分（親）がどう感じたのかを直接はっきり示す、「うれしいわ」「イヤだなあ」「お母さん、こういうの好き！」などのことばの方が子どもの心にしこりを残さないのではないかと思うのです。心が通い合っていることばが、やはり一番ですね。そこには、子どもをポジティブに評価する気持ちがいっぱいつまっているのですから。

少し理屈っぽいお話になってしまいました。夫婦間のコミュニケーションにも応用して、ふりかえって少し反省してみるのもいいですね。

※メタ＝超越・変化などの意味。

子どものどんなところ、気になります?

保育園の保育士さんたちが中心になっている研究会で、あるアンケートの結果が発表されました。それは最近の子どもたちの姿で「気になること」について書いたアンケートでしたが、その結果いくつか興味深いことが分かりました。中でも面白かったのは、同じことでもそれを気にするかしないかは、保育士さんの年齢によってずいぶん違うということでした。

たとえば、「お母さんの前と保育士さんの前で違った態度をとる子ども」について気になるかと聞くと、二十代の保育士さんは一五%程度しか気になるという人がいないのに、五十代では四〇%近くの保育士さんが気になると答えていました。また、「赤ちゃんのときから寝るのが遅いこと」が気になるかどうかでも世代でかなりの差が出ました。やはりベテランの保育士さんの方が、気になるという率がうんと高いのです。そのほかにも若い保育士さんとベテランの保育士さんで、気にしかたがずいぶん違う項目がいくつかありました。全体としてベテランの保育士さんのほうが今の子どもの生活ぶりで気になるという項目が多いのも特徴でした。

この世代差をめぐって議論が沸騰しました。特に、親の前と保育士の前で態度を変える子どもについて、ワーワーと議論が交わされました。若い保育士さんは自分もそういうところがあるので特別に変だと思わない、ベテランは気にしすぎだと主張します。ベテランは今の子どもは親の言うとおりに行動しなければいけないと思い込まされているから、保育士の前と親の前で態度が変わるのだ、そういう子どもを気にしない方がおかしいと言い張ります。意見はなかなかまとまりません。

読者のみなさんはどう思いますか。

「子どもの行動で気になることがありますか」というようなアンケートをとると、このように気になることが本当にあるのか、それとも大人の方が気にしすぎているのか、そのあたりがはっきりしないということがよくあります。まるで大人の方の子ども観を聞いているかのようです。読者のみなさんにも「子どものどういう行動が気になりますか」と聞いてみると面白いかもしれません。

それはともかく、私もこの問題には大いに興味があります。私も親の前と保育士の前で態度を変えるような子は気になるのです。態度を変えるということは、要するに親の前ではおとなしくて「よい子」なのに、保育士の前ではわんぱくであったり悪態をついたりすることが多いということです。私自身も態度の違いの著しい子にときどき出会うようになりました。そうしたタイプの子どものお母さんは、決まって自分の子どもにそういうところがあるということを全く信じていないことも興味深いことです。

ベテランの保育士さんが言っていたように、以前はこうした子どもはあまり見かけませんでした。保育士や大人の前では恥ずかしがる子どもは多かったのですが、二重人格的な行動をとる子どもはほとんどいなかったように思います。最近になってこうした子どもが出てきたということは何を反映しているのか、興味がありますが、私がこのような、親の前で「よい子」を演じる子どものことが気になるのは、その子が親の前でずいぶん無理をして「よい子」を振る舞っているのではないかと思うからです。その無理の反動として、気の置けない人の前では乱暴になったりわがままになったりする。そうした図式が見えすぎてしまうからです。

もっとも、こう言ったからといって、これら子どもに厳しく接するべきだとか、親にも厳しく問題を伝えるべきだというようなことを主張しようというのではありません。全く逆です。こうした子どもは、二重人格的に振る舞うことによって自分の心の深いところにある要求・願いを伝えようとしているのだと思うのです。だから大人のやるべきことは、さしあたり、子どもの屈折した要求をそのまま表現させてやることと、それを受容すること、その背後にこの子なりの「しんどさ」があるのだと〈共苦〉してやること、これしかないと思います。悪態をつきたいと思っている子には悪態をつかせてやるのです。心の中で〈もっと悪態をつけ、もっとつけ〉と叫びながら、口では「そんなこと言わないでよ」と優しくたしなめる。そのゆとりと見通しが子どもを救うと思うのです。

私たちは、子どもの育ちの気になるところを世代に応じて異なって感じています。しかし、その違いは本質的なことではないでしょう。それよりも、子どもの気になるところを窓口にして、その子の心の深いところにある人間的な願い・要求をくみ取れるかどうかが大切なのです。私たちには今、そうした人間としての力量が試されているように思います。

子どもの「失敗」、どうしてます?

母親を対象にした、ある調査結果に、最近の母親は育児不安とまでいかなくとも、育児上の気がかりやイライラがすごく多くなっているというものがありました。その気がかりやイライラをときどきにうまく解消していかないと、つもってしまって、育児をつらく思ったり、イヤになってしまう確率が高くなるといいます。

二、三歳児の育児上の気がかりやイライラで一番多いのは、おそらく子どものおもらしやあれこれの「失敗」ではないでしょうか。

最近は紙おむつが普及して、子どものおむつがとれるのが以前よりかなり遅くなってきています。理由は紙おむつの方が快適で子どもが訴えなくなったからではなくて、親が面倒なおむつ洗いをしなくてすむようになって、早くとってしまおうとしなくなったからだといわれています。

おむつがとれるのが遅くなると、子どもはトイレでおしっこをしない期間が長くなるわけですから、それに慣れてしまって、いっそうおむつがとれるのが遅くなる可能性があります。以前、あるところで育児相談を受けたら、二歳児を育てている母親のほとんどがこのおむつはずしにかかわる相談だったので驚きました。

それはさておき、先日あるお宅を訪問したときのこと、三歳になるお子さんがパンツを脱いでトイレに行こうとしている最中に、我慢できなくなって絨毯《じゅうたん》の上におもらししてしまうという場面にたまたま出会いました。子どもは情けなさそうな顔をして、今にも泣きそうになっていました。それを見たお母さん、わが子に向かって、

「アラー、やっちゃったの？」

と、口をおおげさにあけて、目を茶目っ気に大きく見開きながら冗談っぽく言ったのです。決して怒っているのではありません。困ったわね、とわざとおおげさに笑いながら共感したのです。

おもらしを見た瞬間、まずいことになったなと思った私は、その母親の対応を見てほっとしました。それから、なんと優しいユーモアのある人なんだろうと感心してしまいました。心が温かくなるということはこういうことなんだと、しばらくその親の対応に見入ってしまいました。母親は、

「ちょっと待っててね、すぐふいてあげるから。動いたらダメよ」

と優しく言いながらタオルでその子の下半身をふいてやり、バスタオルで絨毯をふきながら、

「今度はもう少し早くトイレに行こうね」

と、子どもの目を見ながら言うのでした。

幼い子どもだって「失敗したな」と思うときはつらいものです。そういうとき、

「何をしているの、あんたは！」

と、強い調子で叱られれば、子どもの心は瞬間的に閉じて萎縮してしまいます。こういうことの積み重なりは、子どもの心を閉じたものにし、萎縮させたままにしてしまいます。萎縮した心は、自分という人間に対するプライドを育てませんから、本当の意志も育てません。逆に叱られるのが怖いという「恐怖心」と「叱られないように、おもらしをしないようにしなきゃあ」というマイナスの意志を育ててしまいます。プライドに満ちたプラスの意志ではなく、プライドの欠けた不安と恐怖を避けようとするマイナスの意志。

親の本当の力は、子どもがつらそうにしているときとか困難を抱えているようなときに、どう励まし乗り越えさせてやれるか、という場面で試されます。はやりの言い

方でいえば「危機管理能力」が親の本当の力量なのです。

子どもが「失敗」したとき、それを頭ごなしに叱るのでなく、「アッ、つらいだろうな」「みじめに思っているだろうな」などと直ちに共感し（正しくは共苦し）、それをユーモアをもっていっしょに解決してやることが親の務めだと思うのです。

コップの水をテーブルにこぼしたら、

「あら、やっちゃったね。いっしょにふこう」

とでも言ってやることです。そのあとで、

「今度からコップはここに置こうね」

「コップにいっぱい入れるとこぼすからこれだけ入れようね」

など、今後のルールを決めてしまえばよいのです。

おむつがはずれたからといってそのあとはもう「失敗」しないというものではありません。あせってはずすとまた何度も失敗するのが常です。そこは所詮子ども。失敗したのを恥ずかしがっていることをむしろ面白く感じながら、決してみじめさを助長しないようにしてやることです。そうすればやがて自信を得て、「失敗」しなくなるでしょう。子育てはすべからく「急がば回れ」なのです。

体罰——是か非か

幼い子どもが言うことを聞かないようなとき、体罰を使ってもよいのでしょうか。読者のみなさんはどう思われますか。

私の上の娘が保育園の一歳児だったとき、クラス会があり、体罰が話題になったことがありました。そのとき園長先生の意見と私の意見が対立したのを覚えています。

園長先生の意見は、子どもがうんと小さいうちはことばで言っても分からないことが多い。だからこの時期は少しくらい体罰を使ってもよい。そのかわり子どもが大きくなってきたら、できるだけ体罰を使わずにことばでしつけるべきだ、というものでした。それに対して私はウーンそうかな、子どもは体罰をふるわれても、大きくなっていれば、なぜふるわれたのか分かるけれども、うんと小さいときはそれが分からないことが多いから、かえって理不尽に思うのではないかと思ったのです。そこでそのことを言ったのですが、意見は平行線のままでした。

その後ある本を読んでいたら、最近の若いお母さんの中には赤ちゃんに対する体罰を仕方のないものとして肯定する人が多いということが出ていて、やはり少し心配になってきました。その本の著者もそれが親によるわが子への虐待の温床になっているのでは、と懸念を表明していました。

わが意を得たり、と思っていたのですが、そのあとスイス在住の精神分析医のA・ミラーの書いた『魂の殺人　親は子どもに何をしたか』（新曜社）を読んでいると、やはり幼い頃ほど体罰はいけないという趣旨のことが書いてあるので、同じ意見の人がいるということで少し確信を深めました。ミラーは、ヒトラーなど大人になってから反社会的になった人の幼い頃の生育史を丹念に調べ、共通に幼い頃から厳しい体罰で育っていることを指摘しています。体罰は子どもを親の恣《し》意《い》的な欲求に従わせ、自分の本当の感情を裏切る「偽りの感情」を身につけさせてしまうということを強調していました。その「偽りの感情」が大人になっても自分の欲求を攻撃的に発揮してしまう原因になっているというわけです。

要するに、こういうことだと思います。幼い頃に体罰を使いますと、子どもは親の愛情を心から欲していますから、自分は愛されていないのではないかと思ってしまい、その厳しい親の態度に自分を合わせて無理に「自分」をつくってしまうということです。それが「偽りの自分」となってその人を生涯にわたって支配してしまい、「本当の自分」を出せないでいる恨みのような感情に無意識のうちに出どころを与え、それが自分や他人への攻撃性となって仕返しをするわけです。大切なことは、信頼している大人が厳しく接しすぎると、子どもは、自分は愛されていないのではないかと感じてしまい、それが幼い心につらさと無理を押しつけてしまうということです。

そうだとしますと、体罰でなくてことばの暴力でも同じ結果につながる可能性があります。

「あんたなんか、大嫌い！」

「おまえなんか生まれてこなければよかったんだ！」

などというような、子どもにとってもっともつらい言い方は本当は口がさけてもすべきではないということになるでしょう。

そうしたことばが繰り返されると、子どもは親の愛を失ってしまうという思いから、とてもつらくなり、そのつらさに耐えるために親の理不尽な要求にも応えるように振る舞おうとしてしまうのです。それが、のちに、その人の〝恨み〟となって、他人に仕返しをしてしまうおそれがあるのです。

大きくなってからの体罰だって、もちろんしない方がよいに決まっています。体罰をふるわれた側は、自分が親になったときカッとすると、同じようにわが子に体罰をふるってしまうといいます。私自身も父親にバチッとほっぺを叩かれた部類ですが、今父親になると、わが子の振る舞いにムカッとしたとき、ついバチッとしてしまう自分を発見して情けなくなっています。

人間というのは優しく愛してもらった経験が基礎体験として充実していればいるほど、大きくなって無理なく自分も他人も受け入れられるものなんだ、と思います。だから幼い頃は、なるべく子どもが、ぼくは（私は）愛されていないんじゃないかと感じてしまうことを減らすことが、育児ではとりわけて大切なのだと思います。

ただし、以上はあくまでも理想論。私たちも人間ですから、ときどきは爆発してしまいます。それは仕方がない。でも頭の隅にそういうことを置いておくのとそうでないのとでは大違いだと思うのです。

子育てを間違えたと思ったとき

先日、一歳過ぎの男の子を連れた母親が相談にみえました。子どものほうは、かわいいとしかいいようのないしぐさで、私のひざに乗っかったりあちこちいたずらをしたりしていました。

けれども、お母さんの表情はどうもさえません。何か思いつめたような目つきで、暗ささえ感じさせるのです。すごく優しそうな人なのに、どうしたのだろうと思いました。

「どうしたのですか？」

「私はどうも間違った育児をしてきたのではないかと思うのです」

「誰の育児ですか。この子ですか？」

「いえ、上のお姉ちゃんです」

「何歳ですか？」

「四歳です」

「そのお姉ちゃんの子育てが間違ったと思うのですか？」

「ええ、私は人から子どもはできるだけ厳しく育てなければいけないといわれたので、あの子はものすごく厳しく育ててしまったのです」

「具体的にどう厳しくしたのですか？」

「ひとことでは言えないんですけど、ともかくちょっとでもわがままをいうと絶対許さないという感じで……パチンってやることもしょっちゅうありましたし……」

「それで、お姉ちゃんに何か気になるところが出てきたのですか？」

「ハイ。夜、寝たあと、突然起きて泣きながら徘徊《はいかい》みたいなことをするんです。私がこっちへおいでといっても分からないみたいで、怖くなることがあります」

「夜驚症というやつですね。子どもによってはよくあるんですけどね」

聞いてみると、どうも相当厳しく育ててきたようです。母親は、

「先生（私のこと）が子どもは幼いうちは優しさ、温かさが一番大切だといわれたので、とてもショックだったんです」

と言います。

私は最近、お母さん方の前で話をするときは、幼いうちから「親が怖い」というよ

うな感情を子どもに与えてしまうと、子どもは心が委縮して我慢することを体質化してしまい、大きくなってからその我慢して隠していた感情を自分や他人に対する攻撃性として発揮してしまう可能性があると説明するようにしています。子どもの体罰もそうです。幼いうちは原則してはいけないのに、小さいからいいと思い込んでいる人が増えているように思います。

そういう私の話を聞いて、ショックを受けたということでみえたのです。

私はこの母親と向かい合い、どう答えてよいものか思案しながら、次のような会話をしました。

「お母さんが、厳しすぎるということに気づかれたのはとっても大事なことです。よかったと思いますよ。子育てなんて、あとから気づくことだらけなんです。これからは、もっと子どもにのびのびさせてやることです」

「今からでも遅くないですか？」

「ええ。育児なんてものは、ある意味では失敗の連続ですよ。理想的に育てられる人なんていやしない。みんな途中でああすればよかったと気づきながらやるんですよ。気づいたときに変えればよいのです。人類はみんなそうやってきたんだから」

「でも、変えられないかもしれないという不安もあるんです」

「いや、大丈夫です。親が少しでも態度を変えれば子どももそれを感じて変わります。すると親もうれしくなってもっと変わっていくものなんです」

「そうですか」

「それに一番上の子って、どうしても神経質に育てられるものなんですよ。その分、自分を出せない子に育ちやすいのですけど、青年期ぐらいになると、もっと自分を出していいのに出せないということで本人自身が葛藤するようになります。それは自分の中にある弱点というか、ある種の弱さに気づくことで、それに気づけば人の弱さにも共感できる、寛大で思いやりのある人間になる可能性も高いんです。私なんていつもそう思って、子どものことをダメだとか弱いとか思って悲観しないようにしていま す」

ここまで話し合ってきて、この母親にはじめて笑顔がもれました。かすかな笑いでしたが、そこには子どもを思いやる気持ちと自分を肯定する気持ちが確かににじみ出ていて、私にはとても美しく見えました。帰りの際の男の子の様子も心なしか元気になったように思えました。不思議なものです。

育児をしていると、人の話を聞いたり本を読むごとに、私は間違っているのじゃないかと感じることがあります。そういうときは、確かに間違ったと思ったら潔く育児方針を変えればよいのです。ただし、そのときに私はダメな母親だと絶対に思わないこと、これが大事です。親ってみんなそんなものだと思うこと、そして多少偏りのある育児をするからどの子も個性的になるのだと思うことです。子どもは親がこれでよいと優しい笑顔を注いでくれることが一番うれしいのです。

〝いい加減〟は〝良い加減〟

子どもにとって、親のどのような対応が一番ありがたいのでしょうね。

このことを例に挙げて考えてみましょう。以下は、ある三歳の子どもとお母さんの会話です。

子どもがお菓子を欲しがったので、お母さんは、

「じゃあ、一つだけよ。約束できる？」

と言って子どもに一つだけお菓子を渡しました。子どもはウン、と首をたてに振って、それをうれしそうに食べました。ところが、おいしかったのか、すぐに、

「もう一つちょうだい！」

とねだったのです。お母さんはあまり甘いものを食べさせたくないということもあって、

「さっき一個だけと約束したでしょう。約束を守れない子はお母さん嫌いよ」

と、強く拒否しました。それでも子どもは欲しがったので、

「そんなに欲しければ一個あげるから、一人でお外へ行って勝手に食べなさい！」と、突き放してしまいました。夜で、外は雨が降っています。子どもは仕方なくじっと泣いていました。

こういうことがあったのですが、後日、このお母さんはこのことを例にして、「どうしたら、子どもに約束を守らせるようにできるのでしょうか」と、私に質問されたのです。

このお母さんは三歳のわが息子に「約束」を守るようになってもらうことが、とても大事なしつけの課題だと考えておられるようでした。しかし私は、このお母さんの質問の背後に、子どもに「これは約束よ」と言ったらそれをきちんと守ってくれるようになると、親にとってとても楽だから、というような発想を感じました。そこで私は次のように答えました。

「三歳ぐらいの子どもは、まだ約束するということが本当はどういうことなのか、十分に分かりようがない年齢なんです。約束を破るといけないという倫理観のようなものは、じっくりと四、五歳ぐらいをめどに育てた方が、本当のものとして身につくんですよ。そして約束を守るということがどういうことか本当は分からない段階なのに、守れないと許せないという対応をすると、子どもは、お母さんはぼくが嫌いなんだ、私を愛していないんだと感じて、神経質になってしまう可能性もあります」

「そんなに約束を守らせよう守らせよう、としゃかりきにならないで〈子どもってすぐ気分が変わるお調子者なのね〉程度に思って、〈しょうがないわね、きょうだけよ、今度から一つと言ったら一つよ〉というぐらいの対応をしておいたほうが、きっともっとよい親子関係ができると思います。そういう対応をすれば、もう少し大きくなってからですが、結果として、〈ぼくはお母さんにもお父さんにも優しく愛してもらってるんだ〉と感じて、約束などをかえってきっちり守れる子になっていきますよ」

概略こういう答えをしたのですが、みなさんはどう思いますか？　このお母さんからこうしたことばが出てくる気持ちはよく分かるのですが、先のような対応をしていますと、まるで親が「教師」のようになってしまい、子どもと楽しい対話を楽しむということがだんだんできなくなっていくことが心配なのです。

対話というのは、もともと自分の土俵に相手を誘い入れて話すことでも、相手の土俵にこちらが入ってことばを交わすことでもありません。両者の間に、共通の土俵をいっしょにつくろうとしなければ本当の対話にならないはずです。その共通の土俵にことばを投げ入れ合って、少し距離をとって、お互いが了解できることばを拡大していくことが対話の正体だと思うのです。

しかし、子どもが幼い頃は、子ども自身まだじょうずに共通の土俵をつくれませんので、大人であるわれわれのほうが子どもの土俵に入っていって対話しなければなりません。子どもの土俵に入って、相手のことばや態度をいっしょに「面白がり」(共感してやり)ながら、子どもの土俵の少しこっち寄りのところで了解事項をつくっていくような働きかけが必要なわけです。

でも実際には、子どもの土俵の中のどのあたりまでこちらが近づけばよいのか、それを決めるのが難しい。私はそれに対して、最近は、それは〈いい加減〉でよいのだと思うようになっています。そのときの子どもの様子、機嫌、こちらの気分などによって、適当に決めればよいということです。この〈いい加減〉さが、大事だと思うのです。なぜかといいますと、〈いい加減〉に見えることでも、その実、それぞれの〈いい加減〉には個性があって、それぞれの親の許容範囲は自ずと決まっているものだからです。そしてその〈いい加減〉反応を繰り返していますと、子どもは親の考える土俵の幅や境界を自分でそこから感じるようになっていき、このあたりまでなら大丈夫、お母さんは認めてくれる、ここ以上はダメかもしれない、などと考えながら、自分で自分のモラルをつくっていけるからです。

　子どもにレールをきちんとしいて、それを守らせることがしつけと思われがちですが、それは子どもから考えるチャンスを奪っているのではないでしょうか。ある程度の大まかなレールはしいてやるが、具体的な場面ではなるべく〈子どもに考えさせていく〉というのが、人間としてしっかりさせていく秘訣のように思います。そのためには親は少しは〈いい加減〉である方がよいのです。親が〈いい加減〉なとき、子どもは親の態度を見ながら、自分で共通の土俵をつくれるようになっていくのです。

　もちろん、子どもをしつけるなんて面倒だという、いわゆる放任を認めているのではありません。それは論外です。子どもに何でも厳しく接するのではなく、子どもを愛するがゆえに、ゆとりをもって、子どもにもっと任せていこうというのが〈いい加減〉ということの本質です。その方が子どもには「良《い》い」加減だと思うのです。〈いい加減〉は〈良《い》い加減〉！　これを育児の一つの基本方針にしてみてはいかがでしょうか。そうすれば気楽でかえってよい育児ができるように思えるのです。これは体験者の実感です。そしてそれは人生の処世術でもあるように最近は思っています。

子育てはとにかく、あせらないこと、子どもの育つ力を信じることにつきるように思っています。何かあったら、子どもの人生は子ども自身がつくるということ、いつもこのことに戻って考えてみてください。

第八章　海外に学ぶ子育て

じょうずな手抜き育児

最近の育児雑誌の傾向について、ある育児雑誌の編集長がこんな話をしてくれました。

「昔の育児雑誌は、偉い先生が登場して育児はこういうふうにするものだという話をしたり、文章を書いたりするのが多かったんです。でも最近はそういう記事は読んでくれなくなってきたんです。きっと育児についての情報が多すぎる時代になってきたからなんでしょうね。説教はもうたくさんだということでしょうか。そのかわりに増えてきたのが、お母さん自身のことをもっと書いてほしいというものです。育児雑誌ですからどうしても子どものためにという記事が優先しますでしょう。でもそれだけでは満足しないのです。妊娠中のお母さんのファッションはどんなのがいいとか、公園に連れていったけど、グループができていてなかなか入れない、どうしたらいいとか、そういう母親自身の悩みや関心に答えた記事がもてはやされるんですよ」

なるほど、なるほど。そうか。そういわれてみれば最近の育児雑誌はかなり変わってきましたね。でも、そういう母親の気持ち、よく分かる気がします。だって、子どもを生むまではたいてい働いていて、友だちと遊びにいったりおいしいものを食べたり結構楽しんだのに、結婚して子どもを生むとそういうことが一切できなくなります。子どものために一生懸命にならなくてはと思っても、一日中子どものためなんて生活はやっぱり肩が凝ってしまう。母親をするって意外と疲れるなあ、とどうしてもそうなるわけです。

そこでたいていのお母さんは、少しずつ手を抜き始めます。離乳食をつくるのが面倒になり、親の食べ物を口でもぐもぐしてかんでから子どもに食べさせたり、子どもが散らかした部屋の掃除をサボったり……。でも最近は育児情報が氾濫していて「よいお母さん」にならなければいけないという無言の圧力があり、自分が「手抜き」をしているとは夫にも友だちにもなかなか言えない……。そんなことで人知れず悩んでいるお母さんって案外多いのではないでしょうか。

もともと現代の育児は親のやるべきことが多すぎるようになってきているのです。かつては子どもを背中におんぶして、おっぱいを適当に飲ませていればそれだけでも十分育ちました。今は、やれ公園で遊ばせないと、やれ絵本を読んでやらないと、やれそろそろスイミングに連れていかないと、やれ交通のルールを教えないと、やれテレビを見させすぎないようにしないと……などなど、神経質になれば無限に親のやることがある時代になってきています。理由は簡単です。かつては子どもには地域社会に遊び仲間があり、冒険できるところ、隠れるところ、観察できるところなどが豊富にあって、そこで親が手をかけなくとも勝手にさまざまなことを学び育ってくれたのに、今はそれがなくなって全部親がやらなければならなくなってきたからです。ぐちをこぼせる気楽な人間関係もどんどんなくなってきています。

ですから、現代の育児では親が適当に手抜きしたくなるのは当たり前なのです。ただし、子どもの発達にとってマイナスになるような手の抜き方はあとで結局損をします。じょうずに手を抜くためには、子どもに適当な活動環境を与えて、過干渉にならないように見守ることです。子どもが探索活動を始めたら家の中は適当に雑然としておいた方が子どもには刺激があってよいものです。襖《ふすま》に穴をあけてくれれば、しめしめ能動的、探究的に育っていると思うのです。自分であれこれやり出す子に育てておけば親は楽ができます。また、あとになっても身につくことはあとに回すことです。そして、ここはじっくりかかわってやろうと思うことだけはじっくりかかわるのです。たとえば絵本の読み聞かせを毎日してやろうと思えばそれを貫けばよいのです。

それと、お母さんにも育児休業日が必要です。カナダなどではどこでもお母さんに育児から解放される日や時間が必要といっています。子どもを誰かにみてもらって夫婦であるいは友だちと週一回ぐらいは買い物やコンサートに出かけてみてはどうですか。半日でも子どもを預かってくれる友人や知人をゲットすること、ここにこそ現代の手抜き育児の秘訣があるように思います、そういう友人、知人を手に入れるためにも、自分のほうから友人、知人の子どもを預かってあげることが必要だと思います。その勇気とちょっとした努力が〝手抜き〟を保障してくれるのです。

自分を信頼するということ

最近はよく知られるようになってきましたが、日本の子どもたちは世界中の子どもたちに比べると、他国の子どもとちょっと違う、ある特徴をもった育ち方をしています。何だと思いますか。それは、日本の子どもたちは心の内面で、自分をあまり信頼しないまま大きくなっていっているということです。

自分を信頼するということは、今の、ありのままのこの自分を信じ、愛しているということです。英語ではselfesteem（自尊心・自己肯定感）が高いなどといいます。国際的な比較調査で、たとえば「あなたは自分が正直だと思いますか」とか「あなたは人から信頼されていますか」という質問に、自分で「そう思う」と答える人がどのくらいいるかを調べますと、どの調査でも日本の子ども、若者が最低の率を示すのです。それも、たいていずば抜けての最低です。はじめてこうしたデータを見たとき「エーッ」と考え込んでしまったのを思い出します。

自分を信頼するということは、背伸びしたり無理をしていないありのままの自分を

「ぼくはぼくだ。これでいいんだ」と自分で受け容れて認められているということを意味します。そのままの自分を心の深いところで信頼しているということです。自己受容力があるといってもよいでしょうか。それが日本の子どもは弱い。

ありのままの自分を信頼していますと（自信が育っていますと）、子どもは自分を無理に強く見せようとしたり、人によく見てもらおうと偽りの自分を装ったりする必要がありませんから、心がいつも安定しています。自分を信頼している子どもはいつも自分を肯定していますから、たとえば友だちがもうできるようになっているのに自分がまだできなくても、それだけで自分を責めたりしません。「ぼくはまだできないけれども、だからといって自分がダメだとは思わない。自分もやりたくなれば練習してやれるようになればいいんだ」と常に自分を肯定するような心の働かせ方ができるのです。

こういう心をもっている子どもは心に無理がありませんし、自分を肯定していますから心が穏やかです。心がトゲトゲしい子どもは実は心の中で自分を否定し自分を責めているのです。自分を信頼している子どもは、そうしたトゲトゲしさがありませんから、友だちの振る舞いに対しても温かく接することができます。またそういう子どもは少々のつらさにも余裕をもって耐えることができます。自分を信頼しているからです。何か問題が生じたときにも「エライ」人の言うことをすぐ信じようとしたり、手っとり早い「解答」を探したりせずに、じっくり自分で考えようとします。自分で考えれば自分がどうすればよいかが必ず分かるようになると自分を信じているからです。残念ながら、こうした子どもが少ないということは、おそらく今日の「いじめ」の流行の背景の一つになっていると思われます。

では、子どもにこうした、自分を信頼する気持ちを育てるにはどうしたらよいのでしょうか。すぐに考えつく方法は、いつでもほめてやるということだと思います。しかし、最近の心理学の研究では、子どもを必要以上にほめることは、かえって子どもに人の評価を気にする気持ちを育ててしまうといわれています。ほめる子育ては万能ではないのです。

そうではなく、子どもに自分を信頼する気持ちを育てるには、親自身が子どもを信頼してやることが一番大切だと私は思います。

病気をしても、すぐに薬だ医者だと騒がず様子を見ながら「自分で治す力があるはず」とまずは見守る。近所の子とけんかして泣かされても「大丈夫、すぐにまた仲よくできる」と安心している。子どもが少し危険なことに挑もうとしていても過度にハラハラせず「少しくらいケガをしたほうが、かえってケガをしなくなるものよ」とタカをくくっている。ことばの発達が少しくらい遅くとも「大丈夫よ、そのうち必ずぺらぺらしゃべるようになるはずよ。だって、私の言うことはみんな分かっているもの」と平気でいる。短気でかんしゃくもちの子でも「それがあなたの個性なのよ。それをうまく生かせば正義漢にもなるし、大物にもなれるわ」と逆に期待する。などなど。

こうして育てれば、子どもは自分はいつも信頼されているのだと感じ、あれこれ自主的に挑んでいきますし、そのことによっていっそう「自分でできた！」という自信も身につけるはずです。時には、親から厳しく要求されることがあっても、それも「自分は信頼されているから要求されるのだ」と感じるようにもなります。

こういう対応ができるようになるためには、お母さん自身の心のゆとりが必要だと私は思います。そしてそれを引き出すためには父親の育児参加が不可欠になってくるのです。子育てを母親だけに背負わせるのではなく、育児のことも含め妻の話し相手になり、よくコミュニケーションをとるなど夫の支えが大切になってくるのです。世のお父さんの責任は意外と重いようです。

フランスの母親に学ぶ楽しい子育て

私のところに中国からの留学生がいます。彼女は日本に来てから子どもを生み、今子育てをしながら勉学に励んでいます。子どもは三歳です。その彼女が最近、日本では子育てがしにくいということを私にもらしてくれました。どうしてかというと、中国では子どもの面倒をおばあちゃんやおじいちゃんだけでなく隣近所の人もよくみてくれるのに、日本ではそれがほとんどできないからだというのです。

確かに彼女は中国人で、日本人となじみにくかったり、気楽に付き合いにくいということがあるかもしれません。しかし、子どもの面倒をみあう習慣は確実に日本では昔に比べて減ってきているという気がします。中国人である彼女ならずとも、そう感じている子育て中のお母さんは多いのではないでしょうか。

日本経済新聞の平成七年六月十日付の夕刊に、エッセイストの戸塚真弓さんがこんなことを書いていました。

「娘が幼稚園や小学校に通っていた頃、私はときどき、娘がクラスで仲よくしているフランス人の子どもを預かった。

夕食までのこともあったが、たいていは一泊で、子どもの母親に頼まれてのことである。観劇や音楽会などより、友人の家の夕食会に夫婦で出かけるという理由が多かった。預かってもふだんのままで、特別なことは何もしない。だが、娘も仲よしの友だちもいつも大喜びだった。

お礼は、ありがとうのひとことだけである。このさっぱりした言い方には私は目が覚める思いがした。そして、ずいぶんと助けられもした。必要なとき、私は気がねなく娘を預かってもらうことができたからである。

子どもを預かったり預けたりは、娘の仲よしの母親や私ばかりではない。フランスの母親たちの多くが、気の合うどうしでごくふつうにしていることである……」

ここで注目していただきたいのは戸塚さんが「観劇や音楽会などより、友人の家の夕食会に夫婦で出かけるという理由が多かった」と書かれていることです。フランスの家族の中には、こうして、家族で呼ばれたり呼んだりして、交流をすることを生活の中の大事な部分として取り入れているところが多いのです。これは、おそらく、家族が孤立化しやすくなった現代社会の中で、なんとかそうならないで、気楽に支え合っていくためにどうしたらよいかを模索する中で生まれた知恵ではないかと思います。おそらくこうした家族どうしの交流を大事にするという気風がなければ、気軽に預かり合うという習慣もできあがらなかったと思います。

考えればすぐ分かりますが、仮に新婚でどこかのたくさんの人が住んでいる団地やマンションに移り住んでも、急に出かけなければいけないということになったとき、隣の人に子どもを預けていくなどということは、よほど勇気がないとできるわけがありません。ふだんから気軽に家族どうしが交流するという習慣があってこそ、子どもの預かり合いができるのです。

実はフランスの母親たちは日本の母親たちに比べて、育児不安や疲労がうんと少ないということで話題になっているのです。どうしてフランスでは育児を楽しみながらしている親が日本よりはるかに多いのか、これは興味深い研究テーマですが、その一つの理由がこうした気軽な家族交流と預かり合いにあることは間違いないと思います。みなさんはどうでしょうか。気軽な家族交流をしていますか。

子どもたちが幼いとき、私たち夫婦はある民間マンションに住んでいました。そこで小さな子どもを育てている母親たちがあることをきっかけに一人のお母さんの家に入りびたるようになりました。それからそのマンションのたくさんの若い母親たちの交流が始まりました。昼間はそのお母さんの家がたまり場になるのですが、夜は金曜日ごとに持ち回りでみんなの家に集まって、気のすむまで話し合うのです。十数人でしたが、毎回子どもが寝静まってから集まり、二時、三時までなんだかんだとしゃべりまくっていました。私は毎回付き合いましたが、これが結構楽しいのです。そのうちに、

「あしたうちの子、お宅に泊まりたいって言ってるけど、いい？」

ということになって、子どもどうしの泊まり合いが始まりました。子どもにとっては旅行気分です。やがて、お互い、気軽に、

「ちょっとうちの子みていてくれない？」

ということになって、極端な場合、

「この子、どこの子どもかしらねえ」

などと冗談を言い合うほどになりました。

私には、子育ての中でこうした家族どうしの支え合いがとても大きな役割を果たしてくれたという実感があります。子どもにとっても成長する機会が多くなりますし、

楽しいものです。みなさんもフランスに負けないでぜひ日本風の預かり合いを実現してみることをおすすめします。そのためには、勇気を出して一歩出てみることです。

ちなみに、若い頃パリに渡り、二十年以上ぶりに日本に戻ってきた知人が、私に久しぶりに会うなり「日本は一体どうなっちゃったの？」と言ったことが印象的でした。「だって、子育てしている女性はどこにいるの？　誰も外に出ていないじゃない！　フランスでは昼間でも子連れでカフェに集っていつもワイワイやってたわよ。そうしないと生きていけない感じでしゃべってるの。でも東京じゃ見かけないのよ。一体どこに子育てしているお母さんが集っているの？」

どうも日本人は社交下手なのかもしれません。

個性を育てるって？

以前、ＮＨＫの「すくすく赤ちゃん」※という番組に出たときのこと。テーマは「子どもの個性・能力を育てる」というものでしたが、番組の中でゲストのお母さん方（四人）にアンケートに答えてもらうという場面を設定しました。

アンケートは次の七つのしつけの項目、子ども像の中で日頃特に大切にしているもの（目指しているもの）を四つばかり選んでほしいというものです。

1親の言うことを聞く素直な子
2我慢強い子
3礼儀作法を身につけた子
4身辺生活の自立した子
5リーダーシップがとれる子
6イヤなときはイヤと言える子
7けんかしても負けない子

結果はたいへん興味深いものでした。お母さん方は、一、二例外はあるものの、ほぼ全員が1〜4に丸をつけました。しかし、司会のダニエル・カールさんは4〜7に丸をつけたのです。

このアンケートは、以前日米の母親の比較調査が行われた際に、その中に含まれていたしつけの方針の違いを明らかにするための質問項目をもとに、スタッフと協力してつくってみたものです。日米の比較調査では、日本の母親は1〜4のような内容が目標として多く、アメリカの母親は5〜7のような内容が逆に多くて、きれいな対照をなしていました。

今回の番組のお母さん方も、これと全く同じ傾向で、アメリカで育てられたダニエル・カールさんときわめて対照的な結果を示したのです。

もう一度アンケート項目を見てください。1〜4はしつけの中でも子どもを一定の枠にはめて、その枠にそえるようになりなさいという目標の項目です。子どもに自分の欲求を出さずに、親の期待する枠の方にそうよう行動しなさい、というものです。それに対して5〜7は、子どもに自分の欲求を我慢しないで出して、自分の欲求をじようずに実現するようになりなさい、という目標の項目です。我慢するのではなく、じょうずに自分を表現しなさいというものです。

前者は抑制型のしつけ、後者は開放型のしつけ、といえるでしょうか。

ところで、もしわが子らしい面を大事にした、個性的な人間になってほしい、ほかの誰と似ているわけでもない、あなたに似た人はあなたしかいない、というようなあなたらしい人間になってほしい、と願うならば、1〜4中心の抑制型のしつけが多いという日本人の傾向はそれを保証することになるでしょうか。

私は残念ながら、そうはならないと思うのです。たとえば1と6を比べてみましょう。お母さんが急いでいて、すぐに買い物に出かけなければならないとします。子どもも部屋で遊んでいます。

「すぐに出かけるから、おもちゃ片づけて用意して！」

とでも言うとしましょう。子どもは当然反発します。

「イヤだ。行きたくない！」

そんなとき1を重視していると、

「どうしてお母さんの言うことを聞けないの！」

となってしまうでしょう。しかし6を大切にしていると、

「行きたくないの？　どうして？」

と、まず相手に主張させようとするはずです。子どもが、

「だって、今ブロックで○○をつくっている途中だもの。もうちょっとでできるんだよ」

と言えば、

「じゃあ、ちょっとの間だけだから、お母さん一人で買い物に行っても大丈夫？」

「ウーンとね、エーンと、ウン、イイヨ、すぐに帰ってきてね」

とでもなればしめたものです。

6を大切にしていると、子どもがなぜイヤがるのか、なぜしたがるのか、その子の個性に属する部分をたくさん引き出せるはずです。それを積極的にその子らしさとして認めるか否かは次の段階の問題ですが、少なくとも子どもの自己主張の中に、その子のその子らしさ（個性の芽）を見出すことは可能でしょう。

幼い子どもはデコボコがいっぱいあった方が絶対に個性的に育つはずです。小さい頃から親の考える枠の中に収まった子どもだと、親の枠を相当大きくしておかないと個性的にはならないと思うのです。

子どもは、その意味で、少しは「問題児」であった方がいいのです。児童文学者の中川李枝子さんは私との対談で「子どもはみんな問題児」と言ったのですが、言いえていると思います。『いやいやえん』（福音館書店）はそうした「問題児」を相手にすることの面白さを体験する中で生まれた作品だそうです。

考えてみれば私たちの周りで大人になって多少なりとも個性的でよい仕事をしている人は、みんな幼い頃は、そんなに丸いデコボコのない人間ではなかったのではないでしょうか。おしゃべりがすごい子だったり、泣き虫であったり、昆虫マニアだったり、徹底したマイペース人間だったり……。心理学の研究によると、あとで伸びる子の一つのタイプは「好き嫌いの多い子」だそうです。これは食べ物の好き嫌いではなく、好きなことには没頭するけれども、イヤなことはしたくないという子のことでしょう。そういう子の方があと伸びしやすいというのです。

「問題児」でよい。その「問題児」を「個性豊かな子」に、これが子育ての醍醐味でしょう。そのために5〜7をもう少し大切にしてはどうかと思います。

※現在は「すくすく子育て」という名称で放送されています。

本物の文化って？

教育事情調査のためにドイツに行ってきました。帰りに三、四日、オーストリアに寄って、久しぶりの息抜きをしてきました。今回は、そのとき体験したことの報告です。

ウィーンでぜひオペラを観ようということになったのですが、チケットが売り切れで、ありません。行ったその日に観ようというわけですから、ないのはまあ仕方がないのですが、それにしてもオペラの人気が高いのには驚きました。値段も決して安くはないのです。仕方なしに私たちはフォルクスオーパー（大衆オペラ劇場）の立ち見席で観ることにしました。ずっと立っているのですが、席料は約二百円ぐらいで、ただ同然です。日本の歌舞伎座にも立ち見席がありますが、同じようなものです。あまりお金のない音大生などが観にいく席です。

当日の出し物はモーツァルトの「魔笛」で、時間はだいたい三時間（夜七時から十時頃）でしたが、驚いたのは一階の私たちの立ち見席の前の座席（一番後ろ側ですから値段は高くない）に、実にたくさんの子どもたちが観にきていたことでした。小学生ぐらいの子どもたちで、学校ですすめられて来たのかもしれませんが、だいたいは親子連れで、おじいちゃんらといっしょに来ていた子どももいました。

その中にお母さんに連れてこられた四歳ぐらいの子どもがいました。私が立っていたところから前に三列目の席で、後ろ姿がよく見えます。その子もちゃんと一つの席をとって座っていました。

私にとっては予期しなかった光景でしたので、率直に心配になりました。途中でつまらなくなって声を出したり動いたりされると困るな、そのときはどうするのだろうなどと、始まるまでの時間、勝手に気をもんでいたのです。

ところが驚きました。小学生もそうでしたが、その幼い子も途中でお母さんのひざに抱きかかえられたりはしていましたが、三時間じっとオペラに引き寄せられて観続けたのです。ドイツ語で上演されているオペラですから、私たちよりはよほど理解できたのかもしれませんが、それにしてもわずか四歳ぐらいの子が、三時間のオペラを興味をもって視聴し続けるとは思いもよりませんでした。

どうやらウィーンでは、大人が勝手につくった子ども用の文化を子どもに与えるだけではなく、大人がこれは大事だと思った文化、つまり本物の文化を小さい頃から体験させてやろうとしているらしい。たぶん、あの子はこれまでもいろいろな演奏会を聴きにいったり演劇を観にいったことがあり、家庭にも音楽を楽しもうとする、無理のない、伝統に裏づけられた分厚い文化があるのだと思います。そうした環境の中で育てられない限り、幼児が「魔笛」を最後まで飽きずに観ることは不可能でしょう。そういえば同じウィーンの歴史芸術博物館に、先生に連れられた子どもたちがたくさん観にきていたのも印象的でした。中にはモヒカン刈りの若者もいて、面白くねえなという表情はしていましたけどね。

本物の文化とは何か、ということはたいへん難しい問題ですが、私は、親がこれは長く人間を感動させ続ける文化だ、この文化には私の中に何かじ〜んとくるものがある、などと感じたものが、さしあたりそうなのだと思っています。漫画の中にも本物と似非《えせ》がある。テレビゲームのソフトにもやはり本物と似非がある。自然環境にも、町の公園にも、料理にも、絵本にも、歌にも、すべて本物の文化といえるものとそうでないものがあるのだと思うのです。

本物でない文化というのは、えてして即効的な効果をねらいがちです。その場でとにかく何かの効果を与えようとするのです。子どものおもちゃならどぎつい色を使って子どもの気を引こうとしたり、音楽ならテンポを速くしたり、やかましくしたりして注意を引きつけようとする。教育ならすぐに目に見える効果（たとえば字が読めるとか）だけをねらおうとする。食べ物なら味を濃く、しかも食べやすいようやわらかくする。

人間はほかの動物と違って「問いと答えの間」を短縮するのでなく、可能な選択肢をじっくり吟味することで適切な解答を導こうとする動物だということを強調した教育学者がいます。そのとおりだと思います。そこが人間らしさのゆえんで、本物の文化というのは、だから、かめばかむほど味が出るものなのです。なのに、似非文化は「問いと答えの間」をできるだけきりつめて即効効果をねらいます。そのために刺激を強くして子どもを引きつけることだけを考えるのです。子どもはまだ判断力が未熟ですから、本物の文化のよさをじっくり味わわせてやらないと、すぐに刺激の強い似非文化の方に引かれていってしまいます。それは決して子どもを豊かにしません。

そう考えれば、子どもに本物の文化を与えるということは、親が本物の文化を飽くことなく求める生活をするということと同じになると思うのです。そのためには、育児に追われる毎日の中でも、母親は我に返る時間をもたなければならないのではないでしょうか。花が咲き始めたら散歩を口実に花を探しにいく。梅雨どきはしっとりと雨に濡れた自然の中を散歩する。そして月に一回ぐらいは子どもを誰かに預けて夫と映画を観にいったり、観劇したり、おいしいものを食べにいく。子どもが少し大きくなれば家族で山登りをする。そうした自分の心と身体を耕す体験を育児中にこそ親が求めなければ、子どもに本物の文化は示せないと思うのです。それにさりげなく子どもを幼い頃から巻き込む。子どもはそうした中でこそ豊かに育っていくはずです。ウィーンの親子はそうした育児の伝統がまだ残っていることを感じさせてくれて、とても幸せな気分になりました。

第九章　社会の事件から子育てを考えてみよう

いじめ自殺事件に思う

学校でのいじめと、それをきっかけにした自殺のニュースを聞くと、みなさんも親として心配になったことでしょう。マスコミでもさまざまな議論が展開されましたが、どれか一つに原因を求めるのは無理でしょう。幼児の段階でこう育てれば将来いじめに巻き込まれたりすることはないなどというような処方箋はないと思いますが、それでも、これからの育て方で、いじめたりいじめられたりすることがうんと少なくなるということがあれば考えておきたいものです。

首都圏や関西圏では私立小学校への「お受験」がはやっていますが、小学校側の関係者に聞くと、幼い頃から受験勉強をさせられ、偏差値や席次で競争させられて育ってきた子どもたちには入学後「いじめ」が目立つといいます。小学校一年生からです。これは、いじめという行為が成績のよくない子どもに起こっているわけではなく、人間としての育ち方やその子を取り巻いている環境が関係していることを示唆しています。ストレスをいっぱい抱え込んでいる子は、いじめっ子になりやすいのです。

子どもがストレスをいっぱい抱え込むのは基本的にはその子が本当にしたいことができていない状態、つまり欲求不満状態が長く続くからです。幼い子どもというのは、適切な環境においてやれば常に何かに関心をもって動いていることに見られるように、好奇心と欲求のかたまりです。それがいつも満足させられていると欲求不満は残らず、自我はふくらみながら健全に育っていきます。毎日「バタン、キュー」と寝てしまうときにはそのような満足感が十分にあるわけです。

逆に何かに没頭できないときには、それだけで欲求不満が生じます。子どもが何かに取り組むとき、「子どもの時間」の世界に浸ることができれば欲求不満など生じようがありません。ところが、砂場で遊んでいてもどこかで大人に見守られていて、けんかになりそうになれば、さっと大人がとんでくるような環境ばかりですと、子どもはいつも誰かに監視されているという感覚を強くもちます。いつもどこかで誰かに見られている。これは子どものストレスを強めます。たとえてみれば動物園の大きな檻《おり》に入れられて遊んでいるようなものです。

同じように、子どものすることに細かく評価を与えるということも子どものストレスを強めます。「よくできたわね」「おりこうさんね」「もうちょっと頑張ろうね」など、たとえプラス評価であっても評価は人間を緊張させるものです。よい評価をもらおうという心の規制がいつも無意識に働きますから、子どもは心の深いところで疲れてしまいます。

ですから、子どものストレスを減らそうと思えば、子どもの好奇心や欲求を満足させられる環境をうまく用意してやり、何をして遊ぶかはできるだけ子ども自身に選ばせてやって、あまり監視せずに好きなことを十分にさせてやる、ということがとても大切ということになります。昔はこういう環境が十分にあったのです。今はある程度子どもを監視せざるをえませんから、親である私たちはできるだけ子どもに自由の感覚を与えるよう配慮するということが大事になっているといえるでしょう。

いじめの背後には、もっとたくさんの問題があります。たとえば、一九九四年に愛知県西尾市でいじめをきっかけに自殺した中学二年生の少年は、死ぬまで自分がいじめられていることを親に打ち明けられませんでした。ここには今の子どもの人間関係のしんどさ、気苦労の多さがにじみ出ています。家庭の中で、弱音を吐ける関係をどうつくっていくのか、このことが私たち親に共通に問われているのです。「頑張れ、頑張れ」ではなく「そんなに頑張らなくてもいいよ」と言い合える関係が、もっと大事になるのではないかと感じます。

また今の子どもたちは、社会の大切な担い手として「あてにされる」ということがうんと減ってしまい、それが逆に、自分のプライドを高めてくれる活動の世界を見つけられない原因になっているという人もいます。精神的に「失業」しているわけです。子どもは、というか人間は誰でも「あてにされる」ことで自分の存在意義を感じます。しかも「あてにされて」行ったことが誰かに間違いなく喜びをもたらしているということが実感できる関係が、その存在意義を確かなものにします。

子どもは、豊かになった社会の中で、私たちにとって「必要な」存在でなくなってきているのでしょうか。そのために、ああしろこうしろと大人は要求だけをぶつけるのでしょうか。それは本当に「あてにされている」こととは異なることを子どもは感じとっています。これも子どもたちのストレスを強めていることに私たちは思いをいたすべきでしょう。

オウム事件と日本の教育

二十世紀の最後になって、テレビ、新聞などで連日伝えられていたオウム真理教に関する報道からは、いろいろと考えさせられました。

これが、たった一人の狂気の人間の犯罪というのならまだ理解できます。事実はそうではなく、冷静な判断力をもった、しかも高学歴の人間をたくさん含んだ人たちの集団的犯行というのですから何か、時代に新しい兆候が生まれているのを感じずにはいられませんでした。宗教が冷静さを失いバランス感覚をなくしていくと、恐ろしいことが起こるものだと感じたのは私だけではないでしょう。

論理的にはおそらく単純なのです。

「人類は誤った文明をつくってしまった。このままでは地球は滅びるしかない」↓「にもかかわらず現代人は、虚飾の繁栄に浮かれて誰もそのことに気づかない」↓「今やそのことに気づいた我々が衆生を救済するしかない」↓「ところが我々の動きに気づいた権力がひそかに我々を抹殺しようとしている」↓「今や真理に目覚めた我々と、我々を抹殺しようとする者との最終戦争だ。この戦争に勝って地球上のすべての民を『救え』」

彼らがこのように考えたとしても不思議ではありません。私は個人的には、彼らのこうした「善意」や「正義感」に共感するところがないわけではありません。しかしそのやり方は、どうみても肯定されないものです。ところで、国民の多くが不思議に思ったのは、今触れたように、あのオウム真理教の教団で中心的に動いていたメンバーに「一流」大学や大学院を出た人がたくさんいたことです。その人たちが教祖の号令のもとで前述のような論理でロボットのように動いていた。そのことがどうも信じられなかったのです。

私はそこに日本の教育や育児の問題点、弱点がやはり出てきていると考えるしかないと思っています。そもそも「ハルマゲドン（人類最終戦争）」に向かって突っ走れとレールをしかれ、オウム食を食べながら、ひたむきに言われたことを実践している姿は受験戦士の姿とどこか似ていないでしょうか。「東大」「早稲田」といった「最終目標」に向かってしかれたレールを、ドリンク剤など飲みながら頑張って突っ走っている姿とそっくりだなあと思ってしまいます。しかも教団内部には厳密なヒエラルキー（階層制）がしかれ、努力して一つずつ上がっていく仕組みも、塾や予備校で成績を上げて少しずつ上位のクラスに上がっていくというのと、どこか似ています。麻原教祖はサリン事件の直接の担当者は全員、上から三番目の位に昇格させるつもりだったともいわれています。つらい修行に耐えてこそ……というのも、意味もない反復暗唱のつらい訓練をくぐり抜けてきた受験生にしみ込んだ価値観かなと思ってしまいます。

私がオウム事件で特に関心をもったのは、教団幹部に理系出身者が多かったということです。理系出身者が超能力や超常現象に興味をもつこと自体は特別おかしいことは思いません。「不思議」なことに興味をもつのは、科学的探究の出発点です。けれども科学的ということは、できるだけ根源にさかのぼって合理的に説明したいという気持ちをもつことであって、途中で思考を停止して「信じてしまう」こととは異なります。どのような現象であれ、因果関係論や確率論や新しい理論モデルをつくったりしてなんとか説明してみたいと努力し続けるのが科学なのです。木からりんごが落ちるのを見たニュートンは、どうして落ちるのかを説明するために、すべてのものは引き合っているという突拍子もない仮説をつくり出しましたが、今はそれが正しいとされています。敬虔《けいけん》なクリスチャンであったニュートンでさえ、なんとか合理的に説明しようとしたのです。どうしてオウムの科学者は説明を放棄して殺人を正当化する説を信じてしまったのか。

私はそこに日本の文化の問題だけでなく、教育の質の問題を見ます。日本の教育には欠けているいくつかのものがあります。特に、芸術的感性をあらゆる場で育てることと、疑い、批判する力を豊かに育てることが十分に追求されていないことが、大きな問題だと思うのです。

教師が主導して「正しい知識」「正しい解法」を伝え、生徒はそれを覚えて、あとでどの程度正確に覚えたかをテストし、その結果で人間をランクづけしていく――大雑把にいうとこれが日本の教育の実態といってよいものです。特に受験教育はそうです。こうした教育のもとでは正しい意味で疑い、批判する力はどうしても育ちにくい。これだけ価値観が多様化した社会で、正しいことを自分の頭で判断でき選べるようになるためには、こうした「疑い、批判する能力」の育成が欠かせないはずです。しかし、残念ながら日本の教育の重点はまだここになく「権威」のある人の知識を受動的に正しいと信じて覚えることがテーマとされがちです。サリン製造に没頭していた彼らの姿は、そうした日本の教育の問題点の犠牲者のように思えてなりません。

子どもたちを何でも言うことを「素直に聞く子」にするのではなく、自分の頭と感性を大事にしながら合理的・批判的に考えることが大切だということを伝え続けなければならないと改めて思います。と同時に、若者に夢や希望を育てていく、大人の新しい知恵やモデルづくりが、本当に必要になっているのを感じます。大きく見れば、オウム事件も世紀末の不安が生みだしたものにほかならないからです。

第十章　時代とともに変わる子育て環境

田舎育ち、都会育ち

この夏、興味深い体験をしました。知り合いの兄妹およびその家族といっしょに、ある山荘に行ったときのことです。

兄は今も田舎で暮らしていて、妹は結婚して東京で暮らしています。たいへん仲のよい兄妹ですが、その子どもたちはそれぞれ全く違う生活をしています。

兄の子どもたちは、大きな田舎の家で、外に出ると山と畑が広がり、虫がいっぱいいて、蛙も生活の仲間というような環境で暮らしています。スキーなどにも三歳頃からなじんでいます。畑でなすやトマトをおじいちゃんといっしょに採るのも生活のうちです。

しかし、妹家族は東京のマンションで、家の外に出るまで一苦労というような高い階で生活しています。外に出ても、近所の小さな公園以外に遊ぶところはまずありません。自動車がしょっちゅう通り、子どもたちだけで自由に遊ばせるということもできません。子どもたちは蟬の声もあまり聞いたことがなく、スーパーに出かけて、そこでカートを押すのが楽しみというような生活です。

そうした対照的な生活をしている子どもたち、つまりいとこたちが、山荘でいっしょになったのです。どちらも三人兄弟です。一体どうなったか。

まず、みんなテレビは大好きで、すぐビデオを見たがるという点では共通していました。せっかく山に来ているのに、すぐテレビです。なんとももったいないなあというのが私の最初の感想でした。

しかし、テレビに飽きてくると、違ってきました。兄の子どもはすぐに外に飛び出して、なにやら探索です。一番下の男の子はまだ一歳半でしたが、小学生のお兄ちゃんといっしょに、あちこちついて回っています。しばらくして、その一歳半の子が沢蟹を見つけたといって持ってきました。小さな、体長二センチくらいの沢蟹です。水が湧き出ているところの石の下にいたそうです。

それを妹の子どもたちに見せたら、誰もがちょっとのぞいただけで触ろうとはしませんでした。怖いのです。兄の子どもたちは気にせず、もっと探しにいこうとまた出かけました。しばらくすると、珍しい野草、小さな水の流れにすんでいる巻き貝など、へぇーと思えるものをじょうずに見つけて持ってきます。蟬も見つけて捕ってきました。

一方、妹の子どもたちは、山荘の外に出ようとしません。一番上の女の子は持ってきた漫画を寝っころがって読んでいます。真ん中の子はちょっとふてくされた様子で、毛布にくるまって寝てばかりいます。三歳の下の子は、お母さんにまとわりついて、甘えています。大人の方は久しぶりに会ったということで、雑談に花を咲かせているのですが、子どもたちの方は退屈そうです。

田舎に暮らしている兄は、それでも昔に比べれば、今の子は外で活発に遊ばなくなったと嘆いていました。妹の方はもう半分あきらめ顔です。都会で子どもを育てるのは、田舎育ちの彼女にとっては、疲れるし困難に思えるようです。好きなように放っておいたら、ぐうたらで何もしない子になったといいます。小学三年生の真ん中の子は、義務教育しかいかない、ともう宣言していると言って笑っていました。

私は子どもたちの様子を見ていて、なるほど、育ちの環境が違うと生活のしぶりも違ってくるものだなと、改めて感心して見ていましたが、うれしかったのは、この兄も妹も、決して子どもたちのことを急がせたり、否定的に見ようとはしていないことでした。じっくりとやりたいことをさせて、少しずつ大人になってくれればいいという姿勢で育てているのです。自分の三人の子どもについても、あの子はこういうタイプみたいね、この子はきっとこういうタイプなんだと思うと言って、決して否定的に評価しないのです。さすが、兄も妹も、田舎で優しい両親に見守られて、じっくり仕込まれて育ったという感じです。あせりがない。過剰な期待もしない。自然体なのです。

親にとって一番大事なことの一つは、わが子を絶対に否定的に見ないということだと思います。妹の子どもは、都会で、どちらかというとエネルギーのはけ口が見つからないという感じです。だからすぐふてくされたように行動しますが、お母さんである妹はそこのところをよく見ていて、いつになったらあの子は動くんだろうね、と笑っているのです。

子どもの行動を見て、期待はずれであれば笑ってやるというのは、実は日本人の子育ての基本的な方法でした。笑うことで親も不安をごまかし、子どもには少し恥ずかしい思いをさせて脱皮を期待したのです。

現代の家族にはこの笑ってやるというゆとりが欠け始めているように思えて仕方ありません。面白ければ笑い、期待はずれであっても笑う。そうしてこそ家庭にユーモアとゆとりがもたらされると思うのです。

田舎育ちの兄妹の子どもたちの、全く違う環境で育った、それゆえに一見異なった行動ぶりを見て、でもそれを不必要に気にしないでわが子を信頼していれば、きっとそれぞれが違った道を通ってそれぞれなりに大人になっていくのだろうなと、改めて考えさせられた体験でした。

「赤ん坊業」ってなあに？

赤ちゃんは実はママやパパの機嫌をとって家族がよい関係になるようにいつも世話をやいている！　なんて信じられますか？　その世話に疲れて赤ちゃんが赤ちゃんらしくなくなってきているというのです。今回はちょっとショッキングな話です。

『モラトリアム人間の時代』（中央公論新社）などの著書で有名な、故・小此木啓吾さん（精神科医）がこんな話を書いていました。小此木さんは「世界乳幼児精神保健学会」の元重要メンバー（副会長）で、その学会で話題になったことだそうです。

最近の乳幼児の心の発達の研究キーワードは「自己感」になってきています。自己感というのは分かりにくいかもしれませんが、自分はあくまでも自分であって、人の評価や期待や眼差しによって態度を変えようなどとは思わないよう、心のどこかで、〈私は私〉と自分に働きかけている部分、といってよいでしょう。それは赤ちゃんのときから育っていくというのが最近の説です。

ところで小此木さんはその「自己感」の育ちに異変が起こっているというのです。

最近は世界中で一人っ子がどんどん増えている。一人っ子は生まれたときからママと自分の二人か、ママとパパと自分の三人で暮らすことになる。そのママとパパがけんかをしたり、悲しんだり、怒ったり、落ち込んだりすると、赤ちゃんは自分の心も影響を受けて不安定になるので、なんとかしてママやパパが自分をかわいいと思えるように努める、と小此木さんは言うのです。

「この赤ちゃんをもつことで、とても幸せだわとか、生きがいを感じるわ、とお母さんが思ってくれれば、お母さんの機嫌がよくなり、ママと自分の間にも安らかな安定が得られるからだ」

こうして赤ん坊がママやパパの機嫌をとって家族に心の平和がおとずれるように無意識に行動してしまうことを、クラメールという医者は「赤ん坊業」といっていると小此木さんは紹介しています。ときどき赤ん坊は「ママとパパが少し険悪なときには、自分がわざと道化てみたり、ひっくり返ってみたり、騒いだり、時にはおなかが痛くなったりして」「ママとパパが自分の世話に一生懸命になる」ように仕向けるといいます。こうして赤ん坊は懸命にママやパパの「世話」をするのです。

こういうことが多くなってきますと、赤ちゃんは本来の自分の感情がどんなものかを十分体験しないで、親への気づかいばかり優先した人生を送ることになります。これでは子どもの「自己感」は育たないというのです。そして自己感が育ちにくくなると、妙にませた子どもになったり、けんかができない子になったり、遊べない子どもになったりするといいます。子どもらしい天真爛漫《らんまん》さが見られない子どもになってしまうというわけです。

小此木さんは「もうこうなったら、ママやパパに育児を任せないで、ママもどんどん働いて、生後四ヵ月には、育児に熟達した保母さんに子育てをお願いし、赤ん坊たちの集団の中で集団保育をしてもらう方がはるかに健康的だ、という声が私たち世界乳幼児精神保健学会の指導者たちの共通の見解である」とまで言っています。（以上、小此木啓吾「自己感の回復を目指して」『あけぼの』一九九六年三月号、聖パウロ女子修道会より）

ウーン、どうですか、みなさん。

そこまできているのかというのが私の印象でした。私も最近の子どもは外で友だちと遊んで大きくなることがうんと減って、朝から晩まで親と顔をつき合わせて生きなければならなくなったので、どうしても親の期待に敏感になりすぎて、自分らしさが育ちにくくなっている、だから子どもをじょうずに「放し飼い」にして育てようと言ってきました。そのことは、間違っていなかったと思うのですが、精神科医たちが、家庭が子どもにとって一番よい環境とはいえなくなってきた、と言っているのには正直いって驚きました。

私たちはこのことをどう受け止めるべきでしょうか。私にはこれは一つの警告であって、だから、子どもが幼いときはいたずらや探索活動を十分にさせてやって、その子らしい遊びをいっぱいできる環境を用意してやろうとすればよいのだと思います。親の愛情が大切なことは間違いないのですから。そして夫婦が子どもの前であまりいさかいを起こさないこと、子どもにイライラしたらそれを子どもに見せないで、うまく別のところで発散させるようにすること、そして何よりも子どもの天真爛漫な笑顔をいっぱい見られる、子どもと適度な距離のある生活を送ることが大事だと思います。みなさんにもぜひ話し合ってみてほしいテーマです。

二年保育？　三年保育？

幼稚園に入園させようというとき、しばし迷うのは二年保育がよいか三年保育がよいかということです。

昔は、三年保育などやる幼稚園はありませんでした。子どもの数も多く、子どもの仲間集団が隣近所にあるので、無理に幼稚園へやらなくとも友だちと遊ぶことができたからです。

しかし、今は条件が違います。近所に同じような年齢の子どもがたくさんいるようなところは、大きな団地以外、まずなくなってしまいました。そのうえ、子どもにとって安全で好奇心を誘い出してくれるような魅力的な遊び場も、だんだんなくなってしまいました。そこで家の中での生活が多くなるのですが、放っておくとテレビばかり見ていたり、早くからテレビゲームのとりこになったりします。そうはさせまいとするお母さんが、しょっちゅう子どもに働きかけなくてはならなくなります。

子どもと朝から晩までいっしょに暮らしていると、お母さんだって窒息しそうになるものです。母親というのは朝から晩まで子守と教育をし続けなければならない存在などではなかったはずです。それが実際には片時も離れずに子どもに付き合わなくてはならなくなる。これではお母さんもたいへんです。

幼稚園の三年保育というのはこうした状態に対応すべく発展してきたものです。子どもにとっては友だちと遊ぶチャンスが得られ、親にとっては子どもとの息のつまるような生活から少しでも解放される。そのために少し早いとは思うけれども、せめて午前中だけでも幼稚園に通わせようかしら。そうした思いが日本の三年保育を支えてきたのです。その意味で三年保育に入れることには客観的な背景があるといってよいでしょう。しかし、そこにはいくつか前提条件が必要です。

一つは三歳までの子どもの育て方です。三歳で入園なのだから、友だちと遊ぶ練習をしなくてはとか、お行儀よくさせなくてはなどと考えて、子どもにあれこれ働きかけたり、何かをさせようとすると、子どもの自我がデリケートになってしまいます。やはり三歳くらいまでは、子どもの好奇心を存分に発揮させて、自分は祝福されて生きているんだという気持ちを味わわせてあげなくてはいけないと思うのです。そのためには二、三歳で他人と比較したり競争させたりすることは慎んだ方がいいでしょう。他者の評価など関係なく、それぞれの好奇心を自主的に発揮していくことのできる生活が子どもの健全な――他者依存的ではない――自我を育てるのです。二、三歳での友だちとのかかわりにおいては、それぞれの興味関心を発揮して遊ぶ、いわゆる並行遊びや共感遊びが大事になるからです。

もう一つは入園させたいと思う園の保育をよく知るということです。三歳児保育だからということでベテランが配置されていなかったり、形式的な「型」ばかり気にするような保育をしているようでしたら、一考した方がよいでしょう。逆に子どもがそれぞれ自分の一番したいことをしながら気楽に楽しんで遊んでいるようでしたら、そこは安心です。一人一人の子どもが大切にされていることが予想されれば、三年間の保育だからといって不安になる必要はないと思います。むしろ家にいるときよりも健康に育つ可能性があります。

保育園の方は昔から、三年以上の保育をしています。

その中で育った子どもの成長に問題が生じる率が高いということはいまだ聞いたことがありません。幼稚園育ちと保育園育ちでは、その後の育ちに差は全くないという追跡調査もあります。この事実は私たちに安心を与えてくれます。子どもの自我が健全に育ってさえいれば、早めの保育は特に心配なものではありません。最近では二歳から入園させようとする二歳児保育も出てきています。預り保育という形で夕方までみるところも急増しています。やがて日本の子どもの大部分は、より早い時期から一日のかなりの時間を幼稚園、保育園で暮らす時代がくるのだと思います。不安や心配があれば遠慮なく幼稚園、保育園に行って相談することです。園は何でも相談所になっていくはずです。

きょうだいは何人がいいの？

合計特殊出生率ということばをご存じですか。女性がある年に生んだ子どもの数を計算して、その割合でいくと一人の女性が一生に何人の子どもを生むことになるかを推計した数のことです。この数がどんどん減ってきて、今、社会問題になってきています。最近では、これがほぼ一・三前後になってきています。このままでは深刻な少子化が起こるので、国としても躍起になっているということはよく知られているでしょう。一・三ということは、親世代が二人（父親、母親）いても子の世代は一・三人しかいないということです。二人で子孫を半分少ししか残せないという数字なのです。

ところで、この数字には面白いことが隠されています。平均的な出生率は確かに年々下がってきているのですが、子どもを生んでいる女性に限っていえば、その出生率はこの十年くらい、ほとんど下がっていないのです。生んでいる人に限ればその子どもの平均数は二・二人前後なのです。

出生率が下がってきている大きな理由は結婚しても子どもを生まない人、あるいは結婚しない女性が増えてきていることなのですが、生んでいる人に限っていえば、生む子どもの数はほとんど減っていないということです（ついでにいえば三十代の女性の合計特殊出生率は若干ですが増えつつあります。十代、二十代で生む人の数が減ってきているのです）。

みなさんも子どもを何人くらい生むかそろそろ悩むときではないでしょうか。そのことを考えるときの参考のためにと思ってこの数字を挙げたのですが、日本の女性はこれで見る限り、平均でも二人以上の子どもは生んでいますし、三人生む人も意外と多いということが分かります。保健師さんに聞いた話では最近、四人までチャレンジしようという人が増えてきているということです。やはり子どもの数は生めるのだったら少ないよりは多い方がよいということなのでしょうか。

かつて、一人っ子は社会性が育ちにくいし甘やかされがちだということで問題になったことがありました。確かにきょうだいがたくさんいる時代にはそういうこともあったと思われますが、今は一人っ子がたくさんいる時代ですから、そのようなことが単純に当てはまるわけではありません。一人っ子だから友だちをたくさんつくってやろう、甘やかさないようにしようと心がければ、十分人間性豊かに育ちます。

しかし、子どもから見ればやはりきょうだいがいないのは寂しいものです。きょうだいはけんかが多いのですが、共感あり嫉妬ありライバル関係ありという、多様な人間関係の感情体験をさせてくれるまたとない存在です。仲のよいきょうだいになれば、お兄ちゃんがほめてもらえば弟もうれしくなるものですし、妹が叱られていればお姉ちゃんも悲しくなります。昔、東北では「くせやみ」※という言い方で、他人の喜びや悲しみを自分も同じように体験してしまうことを表現していましたが、今こういうことができる人間が少なくなったのはきょうだいが減ってきたことと関係しているかもしれません。

下の子を何歳違いで生むかということも親の人生設計を考えると大事な問題になります。二、三歳違いだと仲よく遊べるが、よくけんかもする関係になります。五、六歳違いだと上の子が下の子の面倒をみるという関係ができ、親としては助かりますが、子育ての期間が長くなります。どちらを選ぶか夫婦でよく相談して決めることです。ちなみにわが家は、五歳違いと二歳違いの三人きょうだいです。

家族で楽しくドライブする、そのとき何人の子どもをイメージするか、それがあなたの描いている理想の子どもの数です。経済的条件その他たいへんでしょうが、理想を現実に近づけてほしいものです。また、生めばなんとかなるものです。これは生んだ人すべての実感です。

※癖病。東北地方の方言で、もともとは「つわり」の意。

上の子と下の子

子どもが大きくなるともう一人欲しいね、となってきょうだいが生まれます。子どもにとっても、きょうだいはいた方がよいでしょう。でも生まれたきょうだいが仲がよいとは限らないのが親にとってはやっかいなところです。

きょうだいにもいろいろなタイプがありますが、うちではけんかをしていないと、

「きょうは珍しいね」

と言われるような仲でした。男の子二人が激しくけんかをすると、本当にうるさい。つい、

「ウルサーイ!!!」

と大声も。仲のよいきょうだいがうらやましくなりました。

考えてみれば、自分で選んだわけでもないのに、一生付き合わなければならないきょうだいというのは理不尽な人間関係なのかもしれません。それだけに親としては、仲よくなるよう育ててやる義務があるように思うのですが、これがなかなか難しい。

わが家では下の二人が二歳違いの男兄弟で、この子たちのけんかがたえませんでした。二人がよくけんかをするようになった原因にこれといって思い当たることはありません。ただ、こんなことが関係しているのかな、と思うことはいくつかあります。

まず、下の子が生まれたあと、母親は三人目の子ということもあって上二人よりべったりとかわいがったということがあります。彼女に言わせれば、下の子ほどかわいいものだというのです。まあ、上の子のときは、落ち着いてかわいがるという余裕もなかったでしょうから、この言い分は理解できます。しかし、上の子にとっては、親の愛情を弟に独占された感じになってしまうわけですから、面白かろうはずがありません。特に二歳違いの上の子はまだ親に甘えたい盛りで、そんなときに愛情を奪われてしまう感じになるのですからたまりません。嫉妬心がうんと強くなります。おそらくこの時期から始まった上の子のこうした不平等感がのちまで無意識の中に残り、それが弟との潜在的な対立心になっていた可能性があります。

もう一つは、下の子のほうがお兄ちゃんに負けたくないとライバル心まる出しで、それがトラブルの原因になることが多かったということがあります。弟は兄のやることをすべて、しかも兄よりもうまくやりたいという感じなのです。兄貴としてはこれもまた面白くありません。弟は自分より年下なのだからへたで当たり前なのです。そこで弟に対して感情的に反発します。

このあたりのことで生まれる感情的な確執をうまくクリアーできなかったことが、わが家のきょうだいげんかの原因だと思うのですが、それではどうすればよかったか。今さらやり直すことはできませんが、参考のために、こうすればよかったかなということを書いておきましょう。

一つは下の子が生まれたら、できるだけ上の子に嫉妬心を感じさせない工夫をすることが大事だったと思います。たとえばお母さんが上の子といっしょに赤ちゃんのおむつを替えたりミルクを飲ませたりして「かわいいねぇー」と共感し合うようなことです。上の子と母親がいっしょに育児する雰囲気を大事にするのです。また、上の子だけの時間を確保してやるというようなことも当然必要でしょう。大きくなってブランコをするようなときも、下の子のするのを上の子と親がいっしょになって、

「イーチ、ニー、サーン、シー……」

と数えてやるような共感関係がもっとあったら、と思います。

それともう一つ、子どもの各々の持ち味が違うということを当の子どもたちにしつ

こいほど伝えることも大切だったように思います。お兄ちゃんは大物タイプね、弟は芸術家タイプだわなどと、それぞれ違うところが持ち味だからきょうだいって面白いのね、というような雰囲気を家庭につくり出すわけです。ただし子どものやることなすことを細かく評価することは禁物でしょう。そうすればよけいに親の評価に敏感になってしまうからです。大切なのは雰囲気づくりです。

わが家はかくして、それが必ずしもうまくいかず、きょうだいげんかが日常でしたが、考えてみれば私たちも小さい頃、よくきょうだいげんかをしていたはずです。ある程度きょうだいげんかをするほうが仲がよくなるのかもしれません。

私には二歳違いの妹がいますが、幼い頃よくけんかをしたそうです。私が確か四、五歳の頃、木に登っていて足の爪をはがすケガをしたとき、診療所で私が大泣きすると、妹も待合室で大泣きしたのを覚えています。前述の「くせやみ」ですが、子ども心にもそれが不思議であり、またありがたかったのです。この歳になるとそんな妹に何かしてやりたいと思うようになるから、きょうだいって面白いものです。

けんかばかりのきょうだいはわずらわしいものです。でも適度なけんかは深いきょうだい愛もつくり出すのかもしれませんね。

おかあさん　だいすき

最近、日本人の食生活が変わってきたことが問題になっています。油や卵、肉類、リノール酸などが多く使われるようになり、昔からの魚類、いも類、野菜類、穀類があまり食べられなくなってきました。またでき合いのものや半調理されたものを多用するため防腐剤などの食品添加物が私たちのおなかにいっぱい入るようになっています。

私が子どもの頃はいわしのすり身などをよくつくらされたものですが、最近、家庭でつくられることはほとんどないのではないでしょうか。食べることさえなくなっているかもしれません。先日、スーパーでそのいわしのすり身が売られているのを見て驚きましたが、あの中にはさまざまな添加物が入っているのだとしたらちょっと残念です。

食生活の変化が私たちの生活全般にどのような影響を与えるか、詳しくは分かりませんが、よい影響を指摘する人は残念ながらあまりいません。たとえば、山梨県のY

村は日本でも一、二を争う長寿村で有名だったのですが、近年、村民の寿命が短くなったことで問題になりました。その村を調べたある人は、村民の食生活がそれまで野菜中心で質素なものだったのに、都市文明が入ってきて、炒めものや肉類が急速に多くなっていることが分かったといいます。そして、それが原因で短命化が始まったのではないかといっています。病気にガンなどの文明病が増えているのも食生活の変化に関係があるといわれています。実際、Y村の老人の病気にガンなどが増えています。

子どもの身体にアレルギーが増えてきたのも食生活の変化が一つの要因ではないかといわれているのはご存じでしょう。花粉症、アトピー、肥満体質など、すべて食生活の変化が関係しているとしたら、日頃の食事に少していねいな関心を払っておいた方がよいことになります。

子どもは、カレーライスやオムレツ、サンドイッチ、スパゲッティなどが大好きといわれています。それに対して、おから、いも料理、きんぴらごぼうなどはあまり食べなくなっているのではないでしょうか。しかし、後者のような料理には繊維質が適度に含まれていたりビタミン類が大量に含まれていたりして身体によいものが多いのです。

そこで、というわけではありませんが、栄養士さんたちが子どもの身体によい料理をお母さん方に覚えてもらうために、こんな面白い料理一覧表をつくっているのを紹介しましょう。

おから、かばやき、あずきごはん、さんまの塩焼き、だて巻き卵、いも料理、すし、きんぴらごぼう、まぜごはん、まるぼし、すきやき、てんぷら、きりぼし大根。

実はこれらの料理の食べ方にはパズルのような秘密が隠されています。分かりますか？

逆に子どもが好きでよくつくるけれども、毎日このようなものばかりでは身体によくない料理の一覧表もあります。

オムレツ、カレーライス、アイスクリーム、サンドイッチ、ヤキソバ、スパゲッティ、メダマヤキ、ハンバーグ、ハムエッグ、ギョウザ、トースト、クリームスープ。

この表にも秘密が隠されています。見つけられましたか？

パズルのような秘密はどこにあるでしょう。もう一度、表をよく読んでください。

おから、**か**ばやき、**あ**ずきごはん、**さん**まの塩焼き、**だ**て巻き卵、**い**も料理、**す**

し、**き**んぴらごぼう、**ま**ぜごはん、**ま**るぼし、**す**きやき、**て**んぷら、**き**りぼし大根。

もう分かりましたか。太字の文字をつなぎ合わせると、「おかあさんだいすき　ママすてき」となるのです。このような料理をできるだけつくってあげてほしいというわけです。

それでは、もう一つの方はどうでしょうか。

オムレツ、**カ**レーライス、**ア**イスクリーム、**サン**ドイッチ、**ヤ**キソバ、**ス**パゲッティ、**メ**ダマヤキ、**ハ**ンバーグ、**ハ**ムエッグ、ギ（**キ**）ョウザ、**ト**ースト、**ク**リームスープ。

分かったでしょう。面白いですね。しょうゆなど塩分を少なくしてうす味にすることなどを含めて、子どもの食生活を一度じっくりと考えてみることが大事になっていると思います。

歯並びと食事

ウワーァ、ナンダコリャ！　これが私の中学二年生のときの息子の歯をじっくり見たときの感想でした。歯の数は正常なのですが、まるで歯が多すぎて並びきらないように押し合いへし合い状態です。二本分のスペースに三本並んでいる感じといったらよいでしょうか。こんな歳になるまで放っておいて何を言ってるんですか、と言われそうですが、率直に言って驚きました。幼い頃から歯並びが悪いということは分かっていたのですが、永久歯が生えそろった段階で、こんなに見事にガタガタになっているとは想像もできなかったのです。永久歯が生えそろうのはだいたい中学生に入る頃ですが、息子の永久歯は出てくるのに本当に苦労したろうな、という生え方です。お互いがそこのけそこのけと押し合っている。

で、息子の歯は矯正しようにもしようがないので、まず何本か抜いてしまうことにしました。それが終わってから歯の矯正に入ります。これから何年かかるか分かりませんが、じっくり矯正するしかありません。

なぜこんなことになったのか、ちょっと調べてみました。歯の数はふつうの人と同じ三十二本なのに、息子の場合それが顎《あご》に入りきっていないのです。顎が狭すぎる！永久歯が三十二本だというのは縄文人の時代からずっと同じです。歯の個々の大きさも縄文人と現代人とはあまり変わっていません。ところが縄文人の顎と比べると現代人の顎は大きさが三分の二くらいに小さくなっているのです。写真を見て驚きました。つまり、現代人は縄文人と同じ数の歯を三分の二くらいの広さの面積の顎に並べなければならないのです。これはたいへんです。ですから、最近では（遺伝子の働きかどうか分かりませんが）、はじめから歯の数が少ない子どもがかなり生まれるようになりました。しかし私の息子のように数は減っておらず顎の面積が小さいと、収まりきらず、どうしてもガタガタに生えてしまいます。矯正歯科大流行の時代が始まったようです。

顎の大きさは食べるものによって決まってくるという説があります。硬い食べ物を強い力でグリグリかんでいますと、顎の力が発達するだけでなく、顎の大きさも大きくなり、逆に、幼いうちからやわらかいものばかり食べさせて、あまり顎に力を入れないですむようにすると、咀嚼《そしゃく》力も発達しないし顎の大きさも小さくなっていくといいます。

昔の親はそれでも歯と顎を丈夫にするために、乳児にスルメをしゃぶらせたり、たくあんのしっぽをしゃぶらせたりしました。歯が出てくるときのかゆさを防ぐ意味もあったのだと思います。一種の育児の知恵でしょう。

しかし、最近はそういうこともしなくなったし、そもそも硬い食べ物がなかなか見つかりません。私も注意はしていたのですが、下の子どもほどいい加減になり、面倒になって、早く食べてくれるやわらかいものが多くなってしまったように思います。カレーとかスパゲッティとか。子どもはかまなくても流し込めるのでこうした食べ物にだんだん慣れていって、最近では硬い食べ物をイヤがるようになってきました。硬い食べ物を食べないので歯や顎が発達せず、歯や顎が発達しないので硬い食べ物をますますイヤがるようになる、こうした悪循環を現代人はたどっているように思います。

硬い食べ物というと縄文人のようにドングリ丸かじり的なことをイメージしがちですが、そうではなく、ある程度かみ、ちぎらないと食べられないものをイメージすればよいと思うのです。てんぷらならゴボウやレンコン、漬物ならたくあん、肉ならステーキ、魚ならめざしなど、かまないと食べられないものはまだかなりあるはずです。そこで提案ですが、これからの食卓には必ず最低一品、かまなければ食べられないものを並べておくということを実践してみてはどうでしょうか。生野菜もスティック状にしておくのがよいでしょう。おやつはもちろんスルメです（これは冗談）。

それと何回もかむということを訓練することも大事だと思います。たくさんかむと、そんなに多く食べなくとも満腹感が得られます。そのために親がまずしっかりかむということを子どもの前で実践する、これも試みてはどうでしょうか。それは親の美容にもよいはずですし、資源の無駄遣いに対する抵抗にもなります。最近は唾液《だえき》に抗ガン性があることも分かってきました。よくかむ人はガンになる率が低くなる可能性があるというのです。

それはともかくそうした努力をすれば、子どもの歯と顎が今よりも発達するかどうか、これは分かりません。しかし手をこまねいていて、歯並びが悪くなり高い矯正代を払わされるよりも、多少の効果を期待して食事を工夫する方が、子どものためになにがしかのことをしていると感じられると思うのです。そしてそう思うと、食事って大切だなあと今さらながら感じさせられるのです。

お母さんの友だちづくり

いっしょに遊ぶ子どもの友だちを求めて、お母さん方が公園に集まってくるということが日本の子育ての風物になったのは、いつ頃からでしょうか。私の住んでいる団地にも午前中は幼い子どもとその親たちでいっぱいになる公園がいくつかあります。その公園は、いわば幼児用の公園として定着しているのです。

ところが最近、公園で友だちをつくって遊ばせるというこの風習に異変が起きているといいます。たとえば、ある公園ではお母さんたちのグループが二つできてしまい、新参者が行くと、

「あなたはどっちのグループに入りたいの?」

というような眼差しがいっせいに注がれます。どちらにも入りにくいので、仕方なく遠くの公園に出かけ直します。

しかし、遠くの公園に出かけてもうまくグループのメンバーに入れてもらえるとは限りません。せっかく気安く話ができる友だちができたと思ったら、その人は人のう

わさ話ばかりするので結局逃げ出したというお母さんもいます。そういうことで、最近は公園のことを考えるとゆううつになるという「公園ブルー」のお母さんも増えているといいます。今や子どもの友だちづくりもたいへん難しい時代になりつつあるようです。

私の知り合いにたいへん友だちづくりのじょうずなお母さんがいました。彼女は近所の公園で親しくなった人を必ず自分の家に連れてきました。

「お茶でも飲まない？」

と誘うのです。そして、その人以外に何人か誘います。電話で呼び出すこともあります。そのほうが話もはずんで楽しいというのです。

彼女の家はそのような積み重ねの中でたまり場になっていきます。近くに来た人が子連れで立ち寄ったりするようになるのです。彼女は気軽に遊びにきてもらえるよう、家の中はあまりきれいにしなかったそうです。その方が来る人も気楽だろうし、小さな子どもが来て汚しても腹が立たないからだそうです。そして、人のうわさ話、特に人のことを悪くいうような話は絶対にしないようにしたそうです。そういう話ではなく、ファッションの話や面白かったテレビの話、ためになる本の話、子どもの喜ぶ童話の話など少しでも文化的な方向に話題を向ける努力をしたといいます。その方が結局自分のためになるからです。

時には紙人形づくりの得意な人に来てもらってつくり方を教えてもらったり、夜、子どもが寝たあとに集まって話をしたり……と、とにかく友だちづくりがじょうずなのです。今は集いの広場など新しい「たまり場」があちこちに作られるようになっていますが、そこで親しくなった人々ともこうした努力は必要でしょう。

地域社会の中でじょうずに友だちをつくろうと思えば、結局こうした努力は避けられないように思います。人のうわさ話をしたり他人をけなすのは自分の心の中に、何か満たされない欲求不満があるからです。友だちづくりをそのようなウサばらしにしないで、本当に気の合う人を求めるチャンスと考えて文化的な関係をつくろうと努力したいものです。そのためには飾らずにありのままの自分を平気で出し合い、心を開く勇気がやはり大事なように思います。そのちょっとした勇気が子育てを楽しくしてくれるはずです。

あとがき

この本が最初に出版されたのは、国が少子化対策に本格的に乗り出し始め、「子育て支援」という言葉が世に少しずつ広まり出した頃です。十年少し前でしたが、そのあと、子育てをめぐる環境はかなり変わりました。子育て支援センターのような施設があちこちにできていますし、父親の育児参加も、実態はともかく、当然という雰囲気になってきています。こうした変化のおかげで、以前より楽しく、またじょうずに子育てができるようになったという人はきっとたくさんいると思います。

しかし、では子どもの育ちへのもろもろの懸念《けねん》は解消されてきたか、あるいは、もっと子どもを産みたくなったという人が増えてきたか、などと問いますと、簡単にイエスといえない現実がやはりあります。そして、原田正文さんたちが兵庫レポートで報告しているように、母親の自分自身への自信のなさのような感情は以前より広がっているようにも感じます。

そういうこともあって、私は今育児で大切なことは、母親や父親自身がこれでいいんだという自分への信頼感をしっかりと持つようになってもらうことだと思うようになっています。そのためにも、子どもってやはり面白いとか、子育てをするとこんなに得することがあるということをお母さん、お父さんたちに知っておいてもらうことが大切だと思うのです。

この本は、もともとそうした子育ての面白さや意義を感じてほしいという思いで書いたもので、今読んでもとくに修正する必要はないと思っています。いわば私が若い頃から伝えたかったことが書いてあるのです。

すべての子どもが、「お母さん、お父さん、生んでくれてよかったよ、ありがとう。生んでくれなかったら、こんな感動を味わうこともできなかったよ……」こう言ってくれるようになることが私の夢であり願いです。

二〇〇九年三月

汐見稔幸

本書は、一九九八年二月に刊行された『子育て　愛があればだいじょうぶ』（小社刊）を文庫収録にあたり、再編集したものです。

汐見稔幸―1947年、大阪府に生まれる。東京大学名誉教授。白梅学園大学学長。東京大学教育学部、同大学院修了。専門は教育学、教育人間学、育児学。育児学を総合的な人間学と考え、ここに学問的光を注ぎたいと願っている。また教育学を出産、育児を含んだ人間形成の学として位置づけるべく、その体系化を使命と考えている。
著書には『「格差社会」を乗り越える子どもの育て方』(主婦の友社)ほか多数。保育雑誌「エデュカーレ」の責任編集者でもある。

講談社+α文庫 子育《こそだ》てはキレない、あせらない

汐見稔幸《しおみとしゆき》 ©Toshiyuki Shiomi 2009

2009年3月20日第1刷発行

発行者――鈴木　哲
発行所――株式会社 講談社
東京都文京区音羽2-12-21 〒112-8001
電話 出版部(03)5395-3527
販売部(03)5395-5817
業務部(03)5395-3615
カバー、本文イラスト―福井若恵
デザイン――鈴木成一デザイン室
本文データ制作―講談社プリプレス管理部
カバー印刷――凸版印刷株式会社
印刷――慶昌堂印刷株式会社
製本――株式会社千曲堂

落丁本・乱丁本は購入書店名を明記のうえ、小社業務部あてにお送りください。
送料は小社負担にてお取り替えします。
なお、この本の内容についてのお問い合わせは
生活文化第一出版部あてにお願いいたします。
Printed in Japan ISBN978-4-06-281270-2
定価はカバーに表示してあります。